新しい日本人が
日本と世界を変える

日下公人

Kimindo Kusaka

PHP

まえがき

米国の次期大統領に共和党のドナルド・トランプ氏が選ばれた。当初は泡沫《ほうまつ》候補扱いだったが、大方の予想を裏切って民主党のヒラリー・クリントン氏に圧勝した。政治経験ゼロ。暴言放言が多く、「支配層とつるむ不誠実な奴ら」と平気でメディアを敵に回す。父親の不動産会社を継いだ根っからのビジネスマンで、「儲《もう》かるか、儲からないか」が座標軸の、打算主義者だといわれる。

米国のメディアも日本のメディアも「トランプ大統領」を予測できなかった。当選の一報に日本の新聞は「驚きを禁じ得ない」「戦後の国際秩序を揺るがす激震」「怒濤《どとう》のような進撃」などと書いた。日本の外務省も同様で、「クリントン大統領」を前提に、平成二十八年九月に安倍首相とクリントン氏の会談をセットした。

私は、トランプ氏が大統領になったことを驚かない。

トランプ氏は選挙戦中に何と語っていたか。

「メキシコは、ベストでない人々、問題があり、麻薬や犯罪を持ちこむ人々を送り込んでくる。彼らは強姦魔だ。なかには善良な人もいるかもしれないが、メキシコとの国境に壁を築き、その費用はメキシコに払わせる」

「イスラム教徒を入国禁止にする」

日米関係や東アジアの安全保障についても〝暴言〟は続いた。

「日本は自国を攻撃されれば米国に防衛してもらうのに、米国が攻撃されても何もしないというのでは不公平だ」

「日本を含むアジア太平洋地域に米軍が駐留することに利益があるとは思わない。米国はかつてと立場が違う。以前は非常に強力で豊かだったが、いまは貧しい国になってしまった」

「日本や韓国に駐留する米軍の経費については、日韓がそれぞれ全額負担すべきだ。もし払わないなら米軍は撤退すべきだ」

「日本は北朝鮮による核の脅威から自力で身を守るために核武装をすべきだ」

こんな発言を繰り返す人物が大統領になるとは……と驚くには当たらない。そもそも誰が米国の大統領になろうと、日本は日本である。またトランプ氏の事実誤認に対しては、「間違っている」と言えばよい。日本には戦略的思考が必要だと主張する人は多いが、それは「誰に寄り添えばよいか」を考えるのではなく、「相手を自らの望むところに誘導すること」

である。

日本がトランプ米大統領を、日本が望むところに誘導すればよい。トランプ氏の根っこがビジネスマンならば、それは可能である。もともとは民主党に近かったトランプ氏が共和党から出馬したのは、「勝てそうだったから」で、氏のビジネス哲学は「多くの選択肢を持つ」ことだという。ならば、選択肢の幅を日本が広げてやればよい。

トランプ氏の「安保タダ乗り論」の日本批判は、米国自身の世界戦略のなかで、いかに日米安保が重要であるかがわかっていないからである。これまでは関心がなかったのだと思う。大統領としてビジネスの視点から再考すれば、「意外にリーズナブルだ」と改める。それでももっと負担しろというのなら、日本は自前で国防の充実を図ればよい。その選択肢はこちらにある。

かつてドゴールは、「同盟国とは、助けに来ることがあり得ても、決して運命をともにしない国である」と語った。トランプ氏が「米国を再び偉大にする」というなら、日本も米国に依存しない「偉大な国」をめざせばよい。運命はともにしない。それこそが独立国である。

＊

安倍政権になって、日本では憲法改正論議が本格化している。これも日本のための議論でなければならない。現行憲法を押しつけたマッカーサーの発言の変遷を振り返ってみる。

マッカーサーは昭和二十一年（一九四六年）三月六日に、こう語った。

「この保障と制約（筆者注：第九条の不戦条項、戦力不保持条項、交戦権不行使条項のこと）によって、日本は本来その主権に固有の諸権利を放棄し、その将来における安全と存続自体を、世界の平和愛好諸国民の誠意と公正にゆだねたのである」

昭和二十五年（一九五〇年）に朝鮮戦争が始まると、こう変わる。

「日本の憲法は、国政の手段としての戦争を放棄している。この概念は、近代の世界が知るにいたった最高の理想ではないにしても、最高の理想のひとつを代表している。（略）諸君がみずからに課したこの制約は、迫りきたる数々の嵐の脅威にもかかわらず、国家安全保障の問題に関して、諸君の思考と行動を厳密に律してきた。しかしながら、かりに国際社会の無法状態が、平和を脅《おびや》かし人々の生命に支配を及ぼそうとし続けるならば、この理想があまりにも当然な自己保存の法則に道を譲らなければならぬことはいうまでもない。そして国際連合の原則の枠内で他の自由愛好諸国と協力しつつ、力を撃退するために

力を結集することこそが、諸君の責務となるのである」〈昭和二十六年〈一九五一年〉元日のメッセージ〉

これによって日本は警察予備隊、自衛隊と、事実上、再軍備に踏み出した。マッカーサーの発言の変化は、現行憲法が当時の米国の都合（日本弱体化）による欺瞞《ぎまん》の産物であったことを示す。ソ連や中国の共産主義の脅威に対し、日本の弱体化は米国にとってマイナスとなる。そこで日本に再軍備を促した。日本はそれを受け容《い》れ、以後、米国に寄り添うことが習い性《しょう》になった。

ここで挿話をひとつ。

昭和六十一年（一九八六年）、対米貿易で大幅黒字を計上していた日本に米国が圧力をかけてきた。それを受け、米国が要求する内需拡大や市場開放、金融自由化を進めようという報告書「国際協調のための経済構造調整研究会の報告書」が出された。研究会の座長を務めた前川春雄日銀総裁の名をとって「前川リポート」と呼ばれる。

内容については本文で触れたが、私は、かつて前川氏に「リポートのご自慢とするところは何ですか」と訊《き》いたことがある。答えは「最初にみなを集めて『英語にならない日本語を使うな』と言った。だから、できあがったリポートは外国人が『よくわかる』と言ってくれた」。要するに「国際的に通じるのが前川リポートである」というのが彼の一番の自慢だった。米国に寄り添うアイデアを出すことが自慢話になる時代だった。

さて、こんな時代は終わりを告げている。「新しい日本人」による「新しい日本」が始まっている。「新しい日本人」とは、こんな人たちである。

一、歴史伝統の連続性を尊ぶ
二、学校秀才ではない
三、優位戦思考を持っている
四、先入観、固定観念に囚われない
五、物事をストーリーとして表現できる
六、一所懸命に働く

「トランプなんて怖くない」と考える、世界が待ち望む「新しい日本人」の出動である。

平成二十八年十一月

日下公人

新しい日本人が日本と世界を変える

目次

まえがき　1

第一章　「新しい日本人」の台頭が始まる

マスメディアが伝える不安に囚われない人たち　20
「事実」よりも「主義・主張」を重んずる朝日新聞と毎日新聞　22
総額六兆円に上る対中ODAの結果はどうなったか　25
「国際連合」と日本語に訳された組織の正体　28
安倍晋三氏には〝新しい国連〟の発想がある　30
「戦後派が災前派」になり、「戦前派が災後派」になる　33
「祖父の軍歴を知りたい」若い人たちの急増　36

第二章　マスメディアの旧態依然とした「報道」

いざとなれば発揮される日本人の精神　42
『永遠の0《ゼロ》』で描かれているマスコミ秀才の盲信　44
『海賊とよばれた男』を泣きながら書いた百田尚樹氏　48
「日本海軍魂」は脈々と続いている　52
一色正春元海上保安官の「やむにやまれぬ思い」　56
過去・現在・未来という時間軸の意識が不可欠　59
我が国の舵取りに働いている「暗黙知」　62
「反戦平和」のみフレームアップするマスメディア　63
なぜSEALDsを「普通の学生」としか伝えないのか　67

第三章　「反知性主義」って何のことですか？

真に知性的であろうとするなら……　72
「尖閣諸島国有化以後に悪化した日中関係」？　75
政府、マスコミの見通しの甘さとお人好しぶり　78
中国の「国防動員法」について報じたのは『産経』だけ　80
「新しい日本人」は現実の厳しさに立ち向かう　81
若者の多くはＳＥＡＬＤｓに賛同しなかった　84

第四章　「新しい日本人」にとっての憲法観

国柄はどうあるべきかを国民の歴史慣習に委ねるイギリス　88
日本国憲法は単なる「戦後体制」のスローガン　90

長い歴史の中で培った慣習や常識に照らせばよい 94
日本人が英語を主体に考えると「知」が劣化する 96
「地球人類の理想」より「気概を持ったローカリズム」を 100
なぜスイスは第二次世界大戦中も中立を守れたか 103
スイス国民の平和を守るための覚悟、努力、負担、気迫 106

第五章 日本の「ストーリーの力」を体現する安倍首相

戦後日本政治の萎縮した意識に風穴を開けた「地球儀外交」 110
「受け身」から「攻め」への転換 113
日本の「意志」を示し、日本の名誉と国益を守る 115
「歴史の総体としての日本」を取り戻す 117

戦争や紛争における「和解」の可能性を想起させた　120
日本人が取り戻すべき「当たり前の感覚と判断」とは？　123
伊勢神宮で各国首脳に「日本の神髄」を示す　126
還れる原郷があり、それを甦りの姿として未来に描ける　128

第六章　「新しい日本人」は優位戦思考を持つ

オバマ大統領の広島訪問に当初は慎重だった米政府　134
坪井直さんや森重昭さんの姿勢こそ日本人らしい　137
中国の反日宣伝を打ち砕いたオバマ氏の行動　140
韓国の日本叩きに同調する国は中朝しかないことも明らかに　141
ガリオア・エロア資金の返済は「日本人の自助精神」の発露　144

発想法が安倍首相に似ているウィンストン・チャーチル 146
ドイツとの早期直接対決を主張したチャーチルの「遠隔封鎖」 147
日本とイギリスの艦隊に撃滅されたドイツ海洋艦隊 149
常軌を逸した個性と人生がチャーチルをかたちづくった 151
柔軟かつ個性的な発想と、日本の可能性を信じる素直さ 154

第七章 グローバリズムからローカリズムの時代へ

トランプ氏の「米国第一主義」はオバマ氏の政策と変わらない 158
アメリカ社会の大問題は「貧富の差の拡大」 161
金融工学を駆使したモラルなき秀才たちがもたらした後遺症 163
白人中間層は「モノづくり」の復権を求めている 166

グローバル経済は、あらゆるものを金儲けのビジネスにする　168
「経済成長」は「経世済民」につながらなければ空しい　170
世界は新しい秩序を求めはじめている　172
構造改革に日本の「国益」はあったか　174

第八章　日本国家の歩みは〝終わりのない芝居〟

中国には経済の基本である「信用」がない　178
あちこちに出てきている中国経済の綻び　181
「日本も原子力潜水艦を建造する用意がある」と言えばよい　183
「歴史戦」の反撃強化で「新しい日本」が登場する　186
韓国との接し方の選択肢はこちらにある　189

「北朝鮮はやがて内部から自壊する」という見方は甘い 192
北朝鮮問題に対して日本が取り組むべき六つのこと 194
北方四島返還交渉は長期戦でいい 197

第九章 さまざまな分野で活躍する「新しい日本人」

直感力のある人が理解した昭和二十九年の『ゴジラ』 202
「新しい日本人」の戦いを描いている『シン・ゴジラ』 204
国内のみならず海外でも高い評価を受けている『君の名は。』 208
世界の子供たちに愛されている『ポケモン』『ONE PIECE』 209
リオ五輪でのもう一つのメダルは「安倍マリオ」 213
世界の体操界が尊敬する内村航平選手の凄さ 214

大野将平選手の優勝は金メダル以上の価値がある 217
日本人の「情緒」を込めて開発されたスーパーコンピュータ 218
「ディスコの力」で日本と世界を元気にしたい日本人DJ 222
ノーベル医学・生理学賞を受賞した大隅良典栄誉教授の深い言葉 227
「精度の高さ」で米露に競り勝った理化学研究所 229

第十章 そして「新しい日本」の時代が始まる

日本の防衛は、これでよいのか 234
自主防衛の「コスト」は「新たな需要創出」でもある 235
「民間出動」のMRJが示す可能性 238
「国防」に関心の薄い政治家や官僚が日本の底力を損なっている 240

なぜ「核の傘」の信用性について言及しないのか 243
さまざまな前提を設けて核保有を進めればよい 245
日本人の独立の意志、心のあり方が問われている 247
役者が代われば状況も変わる 250
優位戦の発想をもって日本が一丸となるべし 252
日本と日本人女性の名誉回復のために闘う杉田水脈氏 254
マスメディアという巨大権力機関を監視する「視聴者の会」 257
日本人の力を発動させるカギは、長い歴史の中で培った「情緒」 261

装丁　芦澤泰偉
写真撮影　海老名進
構成　上島嘉郎
編集　白石泰稔

第一章

「新しい日本人」の台頭が始まる

マスメディアが伝える不安に囚われない人たち

「新しい日本人」による「新しい日本」の時代がやってくる——。

私は近年、こう語ってきた。そして、それは加速を始めている。その動きと影響は日本国内にとどまらず、世界を変えはじめている。国内のマスメディアは従来発想のままなので、そうした変化についてはほとんど報道できていない。彼らが伝えることは、世界の激動を受けて「日本の前途は多難だ」という不安を煽《あお》る視点のものばかりである。

私は日本の前途を、ただ楽観しているわけではない。だが、マスメディアが伝えるような不安に日本人が囚われる必要はない。たとえ困難があろうとも、日本にはそれを乗り越えていける力がある。「新しい日本人」はそれに覚醒《かくせい》し、自らの進むべき道は自ら決すると覚悟し、努力する人たちである。

これに対する人たちは、依然として日本には力がないと思い込んでいる。戦後の日本は敗戦国として、戦勝国のつくった秩序、ルールの中に忍従《にんじゅう》してきた。「従わないと孤立するぞ」と言われると、慌《あわ》ててそれに対応し、そして必死に追いつき、寄り添おうとしてきた。

「国際的な孤立はよくない」と思い込み、国際親善に失敗すれば、たちまち国際的に孤立し、孤立すれば周辺国にいじめられ、いじめに反発すれば直ちに国際紛争に発展し、「平和憲法」によって武力を持たない日本はそれに耐えられない。だから国際親善を第一として周囲との摩擦《まさつ》回避に努め、相手の要求はのむことにする。譲歩こそが日本の生きる道――となった。

それでも日本人は生来の勤勉さと創意工夫で、国を大きく成長させた。しかし、経済大国になったことで「お金で済むことなら」という摩擦回避の姿勢が他国をさらに増長させ、日本の意向は無視してもかまわないと思わせる結果を招いた。

たしかに孤立は辛いし、摩擦も緊張を強《し》いられる。だが、孤立や摩擦よりももっと苦しいこと、みじめなことがあることを戦後の日本人は忘れてしまった。

それは屈従や隷属《れいぞく》である。

いじめられたり、無視されたり、からかわれたり、〝貢献〟を強要されたり、内政に干渉されたりということを戦後の日本はどれほど経験してきたか。国際親善を求めるのはよい。しかし、そのためにも、時々は程よい距離をとるという外交技術があることを知らねばならない。

「新しい日本人」とは、こうした戦後日本の姿が歪《いびつ》なものであると気づき、自らのルール、秩序を打ち立てて世界にそれを示していこうとする人たちである。

ところが、こうした日本人に対して「危険だ」とレッテルを貼り、不安を煽っている人たちがいる。朝日新聞や毎日新聞、NHKなどのマスメディアで、彼らは相変わらず自分たちが日本の世論をつくっていると自惚《うぬぼ》れている。だが実際には、国際社会も身近な世間も知らない「学校秀才」にすぎない。彼らは日本が力を持つことを危険視し、いつまでも日本を無力なままにしておこう、他国の意向に寄り添いつづける国にしておこうと眦《まなじり》を決している。

「事実」よりも「主義・主張」を重んずる朝日新聞と毎日新聞

それがどのような態度になるか。直近の一例を見てみよう。

日本政府は現在（平成二十八年十一月八日現在）、国連教育科学文化機関（United Nations Educational, Scientific and Cultural Organization＝ユネスコ）に対する今年の分担金や任意拠出金など計約四十四億円の支払いを留保している。ユネスコに求めている「世界の記憶（記憶遺産）」登録制度の改善が進むまで支払いの留保を継続する方針で、菅義偉《すがよしひで》官房長官は十月十四日の記者会見で「（ユネスコの活動が）正常化されることを見ながら対応を考えたい」と述べた。

菅長官は、「ユネスコでは昨年（平成二十七年）、私どもがまったく知らないなかで、さまざまなことが決められていった」とも述べたが、これは昨年、中国が申請した「南京大虐殺文書」が記憶遺産に登録されたことを念頭に置いての発言である。

中国側は国際社会に向けた「反日宣伝」として周到に準備、工作し、申請した資料の一切を日本側にも国際諮問《しもん》委員会にも開示しないまま登録にこぎつけた。中国側の意図は明らかだが、ユネスコが国際機関としての公正と中立性を著しく欠いている現実は見過ごせない。これが安倍晋三氏率いる現在の日本政府の判断である。

この分担金の留保について、『朝日新聞』は《節度欠く分担金の保留》(十月十七日付)、『毎日新聞』は《品位ある関与が必要だ》(十月二十日付)とそれぞれ社説で日本政府を批判した。これに対して『産経新聞』は《政治利用許さぬ改革迫れ》(十月十八日付)、『読売新聞』は《記憶遺産の政治利用を許すな》(十月十九日)と日本政府の判断を支持する姿勢を見せ、朝毎二紙とは異なる意見を読者国民に示した。

いわゆる従軍慰安婦報道の問題で国民も気づくところとなってきた朝日・毎日と読売・産経の論争は、被占領時の連合国軍総司令部（ＧＨＱ）による〝閉《と》ざされた言語空間〟を撃ち破り、日本人が自由な言論空間を取り戻すうえで大いに意味のあることだが、ここで肝心な視点は、それが「事実に基づく」報道・論評なのか、「主義・主張に基づく」報道・論評なのかということである。

慰安婦問題に関しては、「主義・主張に基づく」報道・論評だったことを朝日新聞は認めざるを得なくなって、不承不承に訂正したが、いまも悪あがきを続けている。この悪あがきは日本国と日本人の名誉、利益を損《そこ》なうもので、まことに迷惑、厄介だが、朝日新聞には日本国と日本人以外に奉仕する対象があるらしい。

ユネスコへの分担金留保の話に戻ると、『朝日』は〈(記憶遺産の)審査が非公開で、関係国に意見表明の機会がないといった問題点を日本が指摘したまではいい〉としながら、〈分担金と引きかえに履行《りこう》を迫るような強圧的な対応は賢明とはいえない〉と述べ、〈そもそも記憶遺産は、後世に残すべき資料の保存や活用を支援するもので、正しい歴史的事実を認定する制度ではない〉と、記憶遺産が政治宣伝の舞台になっている現実や中国側の意図を読み解くことはまったくせず、日本の自制を求める。

『毎日』もほぼ同様で、〈記憶遺産の審査過程に見直すべき点はある〉〈日本政府が政治利用に懸念《けねん》を持つのはわかる〉としながらも、〈分担金の支払いを保留すれば、国際社会での振る舞いとして品位を欠く〉と述べる。

両紙に共通するのは、あらゆる国際機関は、その加盟国による政治宣伝、情報戦の舞台になっているという事実認識のなさであり、「平和を愛する諸国民」の存在を前提にした「主義・主張」である。困ったことに彼らは、前提が成り立っているかどうかの「事実」には関心がない。

自国の名誉が根拠もなく損なわれることを放置し、利益を棚上げしてまで国際機関に仕《つか》える国はない。

たとえばイスラエルは同じ十月、イスラム圏七カ国が提案した世界遺産「エルサレムの旧市街とその城壁群」の保護に関する決議案をユネスコが賛成多数で採択したことに対し、「聖地がイスラム名の『ハラム・アッシャリーフ』とだけ記載され、ユダヤ名の『神殿の丘』が表記されなかったことは著しい偏向である」と強く抗議し、ユネスコとの協力を一時停止すると表明した。

総額六兆円に上る対中ODAの結果はどうなったか

では、ユネスコの運営はどこが支えているか。ユネスコの分担金はパレスチナ加盟に反発する米国（分担率二二％）が二〇一一年に拠出《きょしゅつ》を凍結して以後、日本が最も多い額（分担率一〇・八三％）を負担して運営を支えてきた。中国は六番目で五・一五％、韓国は上位十カ国にも入っていない（二〇一四年度）。

『朝日』は〈大国のエゴへの批判が続く中、分担金が2番目に多い日本は堅実にユネスコを支え、信頼されてきた〉と述べるが、信頼されてきた国ならば、なぜ事実上〝騙《だま》し打ち〟同然に「南京大虐殺文書」が記憶遺産に登録されたのか。日本は「信頼されてきた」というよりも「利用されてきた」のが事実に基づく見方である。

『朝日』は社説を〈「人の心の中に平和のとりでを築く」。そう憲章でうたったユネスコを歴史対立の「戦場」としてはならない〉と結んだが、そもそもユネスコを政治宣伝の「戦場」とし、巧妙に「反日宣伝」を展開しているのは中国ではないか。

結局、朝日も毎日も「平和を愛する諸国民の公正と信義」を信じ、そこに悪意や敵意はなく、あるとすればそれは日本人の心の中にこそある、と思い込んでいる。彼らは、先の大戦の敗戦後にGHQが日本人に刷り込んだ「ウォー・ギルト・インフォメーション・プログラム（War Guilt Information Program、略称：WGIP）＝戦争についての罪悪感を日本人の心に植えつけるための宣伝計画」を、無意識であれ意識的であれ、受け入れたままらしい。

政治の現実も、政治家の多くが選挙のことしか念頭にないから面倒は避けたいし、官僚も次の人事異動だけが心配なので「事なかれ主義」である。その結果、物事の当否を争うよりは、当面の摩擦を回避すれば大成功で、そのうえお金を出していれば、政治家にはリベート、官僚にはポストがついてくるというかたちの国際親善が数十年続いてきた。中国へのODA（政府開発援助）は、その典型だった。

対中ODAは三兆円を超え、民間の援助を加えると総額六兆円に上るとされるが、その結果はどうなったか。日本の自制や貢献は当然視され、援助は「朝貢」と化した。中国国民は中国共産党政府の情報統制によって日本からどれほど援助を受けているかを知らされないまま、中国共産党の支配の正当性を維持するため〝永続装置〟としての「反日」を教え込まれ、それが経済発展の自信とあいまって日本への過剰な対抗心をかきたてることになった。これが近年の日中摩擦の根底にある彼我《ひが》の構図といえる。

日本の自制と貢献が彼らの反日感情や憎悪、日本への優越意識をかきたてたとは、中国の意向に寄り添おうとしつづけた日中国交回復時からの日本人の「劣位戦思考」が招いた皮肉である。

劣位戦思考が歴史認識にも染み込んでいるから、「南京大虐殺」も、いわゆる従軍慰安婦も、中国や韓国が主張するような事実のないことを自ら認識しながら、「それを主張しても世界に通用しない」「友好に反する」として、肝心の事実関係をめぐる議論を棚上げし、日本非難を繰り返す相手に一方的に和解を乞うて、その都度、裏切られてきた。

歴史を政治の道具にする相手に翻弄《ほんろう》され、こんな惨《みじ》めなことはないと思うが、逆に自分は誠実なのだと錯覚、陶酔《とうすい》してきた。メディアでいえば朝日新聞や毎日新聞、NHKなどで、政治の世界でいえば自民党の一部や民進党、社民党、そして、その賛同者たちである。

「国際連合」と日本語に訳された組織の正体

「新しい日本人」は、国際社会の現実をしっかり見ようとする人たちである。

日本には一時期の小沢一郎氏のように、国家の安全保障などの政策を国連との整合性を中心に組み立てようという「国連中心主義」を進めようとする人々もいる。

そもそも「国際連合」と日本語に訳された組織の正体は何か。

「United Nations」という英名のとおり、第二次世界大戦の「連合国」のことで、大戦終結の昭和二十年（一九四五）の創設から、安保理（安全保障理事会）の常任理事国の座を占める米英仏露中の〝戦勝国クラブ〟を中心に、基本的に「戦後体制＝戦勝国の優位」を事実上維持してきた組織である。

国連憲章は「われら連合国の人民は～」で始まる。「われら人類」でもなく「世界人類」でもない。仲間内は「連合国の人民」なのである。

連合国と戦った日本は、昭和三十一年（一九五六年）十二月に国連加盟後、その分担金を米国に次いで負担しながら、いまだに「旧敵国」の立場に置かれている。それを規定した国連憲章の五三条と一〇七条を簡潔に説明すると、旧敵国が加盟国の安全を脅《おびや》かす行為を起こした場合、連合国によって構成された地域的な機構が安保理の許可がなくても独自に旧敵国に対して強制的な行動を取ることを許可しているのが五三条、戦勝国が旧敵国に戦争の結果として結んだ協定などは国連憲章のあらゆる規定に優越するとしているのが一〇七条である。

国連憲章上は、今日でも「第二次世界大戦の結果としてとる行動」の範囲内であれば、加盟国や地域の安全保障機構は安保理の許可を得ることなく「旧敵国」に対して自由に制裁（武力行使）ができるということだ。

問題なのは、「第二次世界大戦の結果としてとる行動」が何かが曖昧《あいまい》で、事実上、連合国側の恣意《しい》に委《ゆだ》ねられていることである。国連分担金第二位の日本に対して、こうした処遇をしているのが国連の現実であることをマスメディアは伝えない。

さすがに削除すべきとの意見もあり、これまで何度か「削除を決意する」という採択がなされたが（たとえば一九九五年十二月に国連総会で行われた改正手続きの決議は賛成百五十五、反対ゼロ）、採択を批准《ひじゅん》した国数は効力発生に必要な加盟国の三分の二に届かない。日本への差別は事実上放置されたままである。戦後の国際社会を公平に運営するよりも戦勝の果実を維持することが国連（連合国）の本音《ほんね》なのだと見なすほかない。

安倍晋三氏には〝新しい国連〟の発想がある

国連加盟の主要国の分担金について触れておくと、上位は次のとおりである（二〇一四年度）。

・アメリカ　二二％
・日本　一〇・八三三％
・ドイツ　七・一四一％
・フランス　五・五九三％
・イギリス　五・一七九％
・中国　五・一四八％

ちなみにロシアは全体の十一位で二・四三八％、国連事務総長を出している韓国は十三位で一・九九四％でしかない。しかも韓国は長年滞納を続け、一時は滞納の割合が六五％にも及んでいた。アメリカ、ドイツ、フランス、中国、イタリアなども滞納があり、滞納総額が当該国の国連分担金の二年分を超えると投票権を喪失《そうしつ》するので、それを避けるために滞納の期間を調整して支払いをしているのが各国の実情である。ここでもきちんと支払っている主要な分担国は日本しかない。

潘基文事務総長が米下院外交委員会のメンバーとの会合で、国連分担金を滞納している米国を「最大の踏み倒し屋だ」と発言し、議員側から猛反発を受けたのは二〇〇九年三月だったが、まさに自国の責任は棚上げして他国を非難という〝韓国病〟が露呈《ろてい》していた。韓国が「国連分担金債務者」の立場から脱け出したのはようやく二〇一三年になってからのことで、次のような報道があった。

〈韓国が古くからの宿題だった「国連分担金債務者」の立場から抜け出した。（中略）韓国の国連正規分担金は年間約5500万ドル（2012年基準）で、全体加盟国の中で11位だ。正規分担金と共に納付が義務付けられているPKO予算分担金は、紛争地域の状況やPKO活動範囲次第で毎年規模が違ってくるが、韓国の滞納額は11年末基準で1億7000万ドルに達した。

国連事務局は分担金を滞納した加盟国のリストを潘基文事務総長に報告するたびに、韓国の滞納項目に蛍光ペンで印をつけていたという。「国連事務総長の故国が国連に税金（分担金）を適時に納めなくてもいいのか」というメッセージだったと、外交部の関係者は伝えた〉（《国連分担金滞納分を完納、PKO分担金1億7000万ドル》二〇一三年三月十九日付『東亜日報』）

日本はいい加減、自分のお金を自分のために、自分の裁量で使う国になっていかねばならない。国連に協力するのはよいが、主目的は日本の名誉と国益の保持で、ただの摩擦回避や善人面《づら》をするための財布はないとはっきり決めればよい。

国連の本質を見極めたうえで外交の舵取りをしているのが安倍晋三首相である。

かつて私が会長を務めていた東京財団で、小泉内閣の官房長官時代の安倍氏を招いて外交問題の研究会を行ったことがある。若手の国際政治学者がそれぞれの持論を安倍氏にぶつけたのだが、安倍氏はそれに対し、「それはすでに自民党で議論を行い、このような前提が解決したら実現させる話です」と、すべての質問に対して前向きの回答を持っていた。

私が「常任理事国になって国連改革を主導し、新しい世界秩序を打ち立てるという日本の主張が通らなければ、国連に見切りをつけて〝新しい国連〟をつくればよい。名称は『第二国連』でも『経済国連』でも『東京国連』でもかまわない。この指止まれと言って東京に戻れば、現在の国連加盟国のうちの百三十カ国くらいはついてくると思うが」と問いかけると、安倍氏は「アメリカもついてくる」と即座に応じた。

私はこのとき、安倍氏には〝新しい国連〟についての構想もあるのだなと感じた。こういう外交センスのある政治家が、「戦後体制」の中にいるマスメディアと野党の総攻撃を受けながら、二度目の総理大臣を務めていることは、明らかに戦後日本の政治潮流の変化である。

「新しい日本人」の出現と、彼らによる「新しい日本」の時代が始まっているのに、マスメディアも野党政治家も完全に周回遅れとなって旧態依然の非難しかできない。

また、日本の敗戦と戦後の国際秩序によって権益を手にしている内外の利得者たちは、それを改めようとする安倍氏をどうしても封じ込めたいと画策することになる。

「戦後派が災前派」になり、「戦前派が災後派」になる

平成二十三年（二〇一一年）三月に起きた東日本大震災を受けて、私はこう書いた。

〈東日本大震災という未曾有《みぞう》の災害は、日本人が自らを見つめ直す契機となった。様々な立場の日本人の〝地金《じがね》〟が炙《あぶ》り出され、庶民は、高位高官や権威者の情けない言動を見せ

られたのと同時に、多くの無名の日本人の見事な振る舞いを知った。それが日本人の覚醒を促している。既存の権威が各方面で失墜《しっつい》し、政治家や官僚、大企業経営者にニュースを解説する学者、経済見通しを語るエコノミストなどなど、みな当てにならない。（中略）
東日本大震災によって、戦後の日本にはびこった空虚な理想主義は瓦解しはじめ、もともと日本人が持っていた歴史に根ざした現実主義と、庶民の「暗黙知」が自らを助けるものだということが明らかになってきたのである〉（『「超先進国」日本が世界を導く』ＰＨＰ研究所、平成二十四年二月刊）

私が本書で「新しい日本人」というのは、〈もともと日本人が持っていた歴史に根ざした現実主義と、庶民の「暗黙知」〉に覚醒《かくせい》し、それを発揮しはじめた人々のことである。

東日本大震災の前と後では、日本人の心、暮らしぶりに変化が起きている。その意識の変化は、昭和二十年（一九四五年）の敗戦を境にしての「戦前派」と「戦後派」と同じように、三・一一を境に「災前派」と「災後派」に分けられる。

東日本大震災時の民主党政権は、発足時の鳩山由紀夫首相がいくら「日本の歴史が変わる身震《みぶる》いするような感激」を語っても、その実体は「戦後体制」を是とする旧態依然でしかなかった。したがって自衛隊は政権幹部によって「暴力装置」と危険視され、そう発言した仙《せん》谷由人《ごくよしと》氏が一度は閣外に去りながら、被災者の生活支援対策として閣内（官房副長官）に復帰したことを「暗黙知」を持つ国民は怪訝《けげん》に思った。

自衛隊が東日本大震災でいかに多くの国民を救ったか。「反自衛隊」や「嫌自衛隊」を売りにしてきた政治家の多くが、いまだに自らの不明について恥じるどころか頬被りしたままだが、多くの国民の意識は変わり、自衛隊に対するテレビ報道の仕方も明らかに変わった。カメラを切り換えて「自衛隊ありがとう」という、被災者の手にする横断幕やテロップとともに自衛隊員を映すようになった。

かつて湾岸戦争の終戦処理としてペルシャ湾に海上自衛隊の掃海艇《そうかいてい》が派遣されたとき、その出航の様子を伝えるテレビはそうではなかった。無事の任務達成を祈る大多数の見送りの人々を脇に置き、派遣反対を叫ぶ少数の市民運動グループの理想主義や正義を、まるでそれが国民意志の大勢だと言わんばかりに大映しで報じた。

新聞記事での自衛隊の取り上げ方も、意図的な悪意は少なくなった。被災した地元民から見れば、自衛隊は暴力装置ではない。明らかに、その反対である。地元民が本心から「自衛隊はありがたい」と思っているので、マスコミもその気持ちに逆らっては損だということになった。

それは損得勘定にすぎないが、自衛隊の本来任務である「国防」に対する理解と敬意にまで意識が高まれば、大震災によって新聞が変わったことになる。このようにマスメディアにおいても「震災前」と「震災後」では変化しないわけにはいかなくなってきている。

平成二十八年四月に起きた熊本地震でも、自衛隊は即座に陸海空部隊を派遣し、約二万人体制で救援活動を展開した。こうした自衛隊の活動に「ありがとう」と率直に頭《こうべ》を垂《た》れるのは「災後派」の人々、すなわち「新しい日本人」である。

彼らは空疎《くうそ》な理想主義や正義には走らない。彼らには、日本を「我が国」と思う一体感がある。同胞の絆《きずな》を大切にし、日本という共同体の価値観を尊《たっと》び、歴史や伝統文化に対して謙虚である。だからといって愛国主義、軍国主義、国粋主義、保守反動といったレッテル貼りをされるような単純な「戦前派」ではない。

潮流としては「戦後派が災前派」になり、「戦前派が災後派」になるという逆転現象が起きている。戦前との歴史の連続性に気づき、それを大切にしようとする人々が、戦後七十年余の「戦後体制」から脱却しようとする「新しい日本人」なのである。

「祖父の軍歴を知りたい」若い人たちの急増

「温故知新《おんこちしん》」とは使い古された言葉だが、「昔の物事を研究し吟味《ぎんみ》して、そこから新しい知識や見解を得ること」を、戦後この方の日本人はあまりにしてこなかった。それが東日本大震災を契機《けいき》に大きく変わってきた。

興味深い例としては、若い人たちによる「祖父の軍歴を知りたい」という問い合わせが、大東亜戦争での日本海軍の軍人・軍属の人事記録「軍人履歴原表」を管理する厚生労働省に増えていることである。敗戦から時が経《た》つにつれて減少傾向だったのが、平成二十五年度は前年度比で三割増になった（平成二十六年五月十一日付『産経新聞』）。

請求が増えはじめた時期は、特攻死した祖父の生涯を二人の孫（姉弟）が探る百田尚樹氏（作家）の小説『永遠の0』（講談社文庫）や、旧日本海軍の軍艦を擬人化《ぎじんか》した少女キャラクターを育成するゲーム「「艦隊これくしょん（艦これ）」がヒットした時期と重なる。インターネットでは、作品のファンが自分の先祖の軍歴を調べたり、調査方法を紹介したりするサイトも増えている。これはエンターテイメントの世界からの「新しい日本人」の発信とその大きな影響といえる。

「災前派（＝戦後派）」は、戦後に刷り込まれた他国への無条件の信頼と依存、それを理想とする精神（日本国憲法）から、日本を「この国」として他人事《ひとごと》のように見るので、自力で独立と生存をまっとうしようとした戦前の「我が国」の歴史は野蛮《やばん》なものということになる。特攻隊員もその苦悩は汲《く》まれることなく、ただの狂信的テロリストとされる。

彼らは、中国や韓国から「歴史の反省が足りない」と叫ばれると、「そうだ。申し訳ない」と思い、一方、アメリカから、「戦前の対米認識と同じ誤った見方を今も若者に伝えている」と言われると、アメリカの「太平洋戦争」史観に合わせるべく教科書の記述を変えたりする。

だが、「災後派（＝戦前派）」はそれをおかしいと感じるから、本来の日本を否定する社会主義や社会主義的思考、またアメリカ追随で日本の独立を軽んじるような思潮はどんどん衰退していく。

『朝日新聞』が「近頃、エンターテインメント小説に、愛国心をくすぐる作品が目立つ」として その代表作に『永遠の0』と、同じく百田氏の作品で、出光興産創業者の出光佐三をモデルにした『海賊とよばれた男』（講談社文庫）を名指した（平成二十五年六月十八日付）のは、「新しい日本人」が巻き起こす潮流をなんとか抑えたいという現れである。

「右傾エンタメ」と造語した石田衣良氏（作家）は〈かわいそうというセンチメントだけで読まれているが、同時に加害についても考えないといけないと思う。読者の心のあり方がゆったりと右傾化しているのでは〉とコメントし、池上冬樹氏（文芸評論家）もまた〈現状に不満を持っている人が多い今の日本で、くすぶっている感情をすくい取るような小説が売れるのは当然〉と、日本の独立志向の高まりを、まるで危険な方向に進んでいるかのように批判する。

韓国メディアがこの朝日報道に飛びついて、記事を引用しながら「日本で愛国心を刺激する娯楽小説が人気」「右傾・愛国小説が人気独り占め」「日本、安倍政権で文化も右傾化」などと騒いだが、まさに「日本の敗戦と戦後の国際秩序によって権益を手にしている内外の利得者たち」の正体がこれである。

第二章

マスメディアの旧態依然とした「報道」

いざとなれば発揮される日本人の精神

戦後の日本は、先述したように被占領時のＧＨＱの検閲・情報統制によって言論空間や価値観が左にシフトした。彼らは自分がどこに立ってものを言っているか、客観視も相対化もできないまま過ごしてきた。祖国のために戦い抜いた父祖たちの物語が、また戦後、焼け野原になった日本を立て直すために懸命に頑張った経営者の物語が、なぜ「右傾エンタメ」と突き放されるのか。

日本の過去を悪し様《あざま》に非難する人々は、「私は戦前の日本を反省しています。私は手が汚《よご》れていない新しい日本人です」という感覚から自らを免罪にし、祖国の歴史に愛惜《あいせき》を持つ日本人を一段上から〝啓蒙《けいもう》〟しようとしている。そこには時代に対する真っ当な想像力も、真摯《しし》に検証する姿勢もない。

私には十五歳の頃、「死んでもいいから、俺にも戦闘機を一機くれ」と祈った記憶がある。敗戦間近、当時は大阪の外れに住んでいたが、一週間に一度は米軍の空襲に遭った。もう逃げるところがないから、つねづね「いつ焼け死ぬのかな」と思っていた。母も、妹も同じ思いだった。

爆弾を投下しながら街を焼き払って悠々と飛び去るB‐29を見上げながら、新聞に出てくる「神風特攻隊」が羨《うらや》ましくて仕方なかった。この思いは今の日本人に語ってもわかってもらえないかもしれないが、本気で「俺にも戦闘機を一機くれたら必ずB‐29に突っ込んでやる。撃墜してやる」と思っていた。焼け死ぬくらいなら、自分にそういう死に場所を与えてほしかった。戦闘機がダメなら小銃一丁でもいい。

「一億総特攻」と言われた時代は、今の日本人にはまったく現実感がないだろうが、あの時代を生きた私にはあった。そして、いざとなれば、その精神を発揮するのが日本人なのだと思っている。だから、「いざ」というときが来なければ、普段の日本人はお人好《よ》しでもかまわない。

戦史に関していろいろ調べてみると、日本軍は最後まで国民に小銃を渡していない。竹やりなどを別にすれば、武器は渡していない。物資不足ではあったが、必ずしも武器がまったくなかったわけではない。渡すときには必ず兵隊にしている。兵隊にしなければ信用できないということもあったが、渡すからにはきちんとした身分にして、戦死すれば弔《ちょう》慰《い》金《きん》も出すし、靖国神社にも祀《まつ》るという〝約束〟を交わした。

もともと日本は、闇雲《やみくも》に民間人を巻き込んでのゲリラ戦などしない近代国家だったことがわかる。沖縄で十万以上の民間人が日米両軍の激闘の巻き添えで犠牲になったのは、軍民の差を確保できないあまりに過酷な戦場になったからである。

そこにはたしかに軍の責任がある。しかし日本軍は、沖縄県民に銃口を向けたわけではない。県民を守れない無念を抱いて兵隊は死んでいった。そうした複雑な様相を見ずに、ただ「戦争は狂気だ、愚かだ」と言っても、意味ある教訓は得られない。

『永遠の0《ゼロ》』で描かれているマスコミ秀才の盲信

『永遠の0《ゼロ》』の主人公・宮部久蔵は、最後に特攻隊員として敵艦に突入する。これは狂気の犬死に、無駄死になのか。

百田氏は宮部の特攻に込めた思いを、こう語っている。

〈けして命を粗末にするなというメッセージです。生き残るために戦い抜くことと、生き延びるために逃避することとは全然違います。宮部が二十六年という短い生涯で全うしたのは前者です。特攻精神とは人生を完全燃焼させる前向きの姿勢を持つことで、命を軽んじることをよしとするものではない。「自分の人生は誰のためにあるのか」という思い、生と死の間にあって宮部が葛藤した諸々のことから読者が生きる喜びと素晴らしさに気づ

いて、どんな困難があっても生きる気概を持ってほしいと願って書きました〉（『別冊正論』第二十一号、平成二十六年四月刊）

戦後七十年余の「戦後体制」を是とする人々は、この逆説を感じ取れない。特攻隊について非人間的な作戦だと非難し、その理不尽さを強調した本はたくさんあるが、命じた者も行った者も、同じ日本人なのだという同胞意識に欠けている。他人事のように、あるいは第三者の犯罪を追及するかのような視点は、現在のマスコミ人士に根深く埋め込まれたものである。

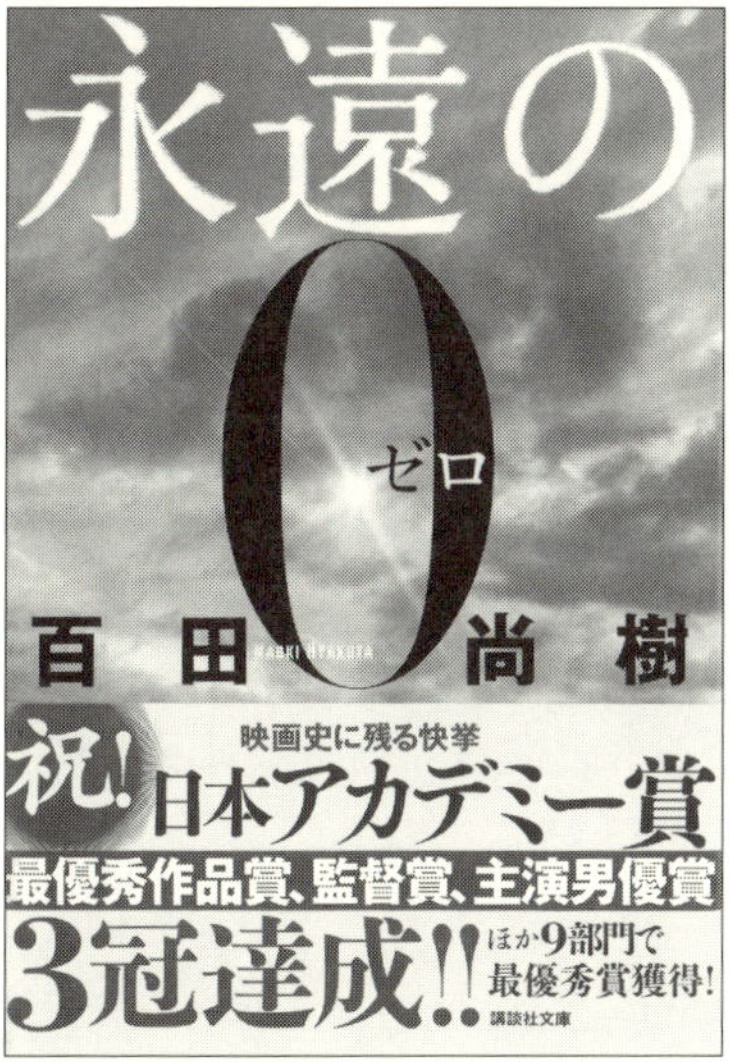

百田尚樹著『永遠の0《ゼロ》』

『永遠の0《ゼロ》』は、そんな光景もはっきり描いている。宮部の孫で、宮部の特攻死の真相を確かめようとする姉弟の前に、姉・慶子のフィアンセとして登場する大新聞の高山記者がそうである。彼は神風特攻隊を〈テロリスト〉〈ニューヨークの貿易センタービルに突っ込んだ人たちと同じ〉と言い、国家主義に洗脳された狂信者と断言する。

高山記者は〈戦前の日本は、狂信的な国家〉で、〈国民の多くが軍部に洗脳され、天皇陛下のために死ぬことを何の苦しみとも思わず、むしろ喜びとさえ感じてきました。私たちジャーナリストは二度とこの国がそんなことにならないようにするのが使命だ〉と誇らしげに語り、戦後はその洗脳が〈思想家や、私たちの先輩ジャーナリストたち〉によって解けたのだと胸を張る。

宮部の教え子で戦後大企業のトップになった武田から、〈あなたの新聞社は戦後変節して人気を勝ち取った。戦前のすべてを否定して、大衆に迎合した。そして人々から愛国心を奪った〉と批判されても、〈戦前の過《あやま》ちを検証し、戦争と軍隊を否定したのです。そして人々の誤った愛国心を正しました。平和のために〉と、恬《てん》として恥じない。これはまさに、戦後GHQが日本人に刷り込んだWGIPを盲信する者の見方で、戦後教育に何の疑いもなく育った結果のマスコミ秀才である。朝日新聞だと名指しこそないが、朝日や毎日やNHKの記者のことだと「新しい日本人」にはわかる。

余談だが、百田氏は近著『雑談力』（PHP新書）の中で、『永遠の0《ゼロ》』を出版するまでのエピソードを綴っていて興味深い。その一端を紹介する。

〈『永遠の0《ゼロ》』は最初、大手出版社に持ち込みましたが、断られました。理由はいくつもあったのですが、一番の理由は「読者が戦争ものに興味を持たない」というものでした。戦争を扱った読み物は、「マニアックな戦記好き」しか読まず、しかも彼らはノンフィクションにしか興味を持たないというのが、出版界の常識だったのです。

　でもマニアックな戦記好きではない私が、零戦の話を知った時、大いに興味をそそられ、また感動したのです。だから、その話に感動する人は少なくない、と思ったのです。零戦の話など知ることなく育った人が大半で、そういう人に「面白く」（という表現は語弊がありますが）話せば、きっと興味を持ってくれるはずと思ったのです〉

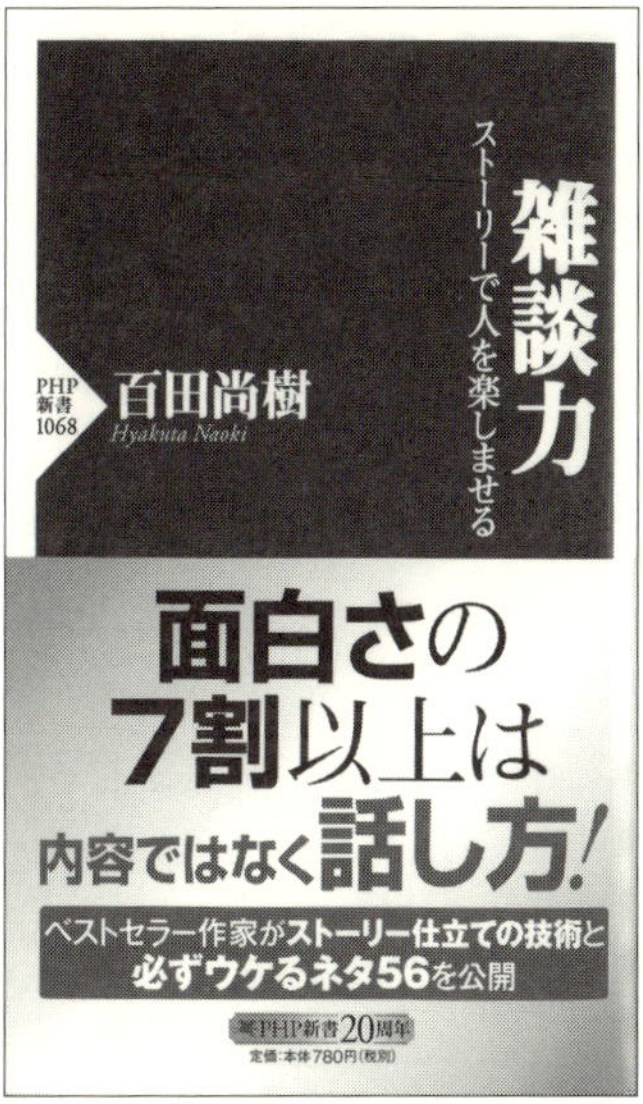

百田尚樹著『雑談力』

　そのような紆余《うよ》曲折《きょくせつ》を経て、『永遠の0《ゼロ》』は太田出版という小規模な出版社から出版され、その後、講談社文庫になり、映画化にも恵まれ、累計で五〇〇万部近いベストセラーになったらしい。痛快な話である。

『海賊とよばれた男』を泣きながら書いた百田尚樹氏

『海賊とよばれた男』（講談社文庫）にも触れておく。主人公の国岡鐵造（出光佐三）は、大東亜戦争の敗戦のわずか二日後、奇跡的に焼け残った社屋で、将来の生活に不安と恐怖を感じている社員たちを前に、こう号令する。

「日本は必ずや再び立ち直る。世界は再び驚倒するであろう」

「わが社には最大の資産である人がまだ残っとるじゃないか」

「愚痴《ぐち》をやめよ」

「ただちに建設にとりかかれ」

百田氏は、この作品を書くために集めた出光佐三の資料を読んでいて、このくだりを見つけたときには、体が震えるような衝撃を覚えたという（前掲『別冊正論』）。

物語の見せ場は、昭和二十八年（一九五三年）五月の「日章丸事件」である。大学を出て間《ま》がない頃の私も覚えている。

新聞では連日一面トップ記事だった。小説では国岡商店となっている出光興産が、油田を国有化したために英国などの怒りを買って海上封鎖されたイランのアバダンに自社で建造したタンカー日章丸二世を極秘裏に送り、ガソリンと軽油を満載して日本に無事寄港してのけた〝事件〟は、敗戦国日本の一民間企業が英米の巨大石油資本に挑んで出し抜いた快挙として、当時、国際的にも大きな注目を浴び、日本国民を勇気づけるとともに、のちの日本とイランの関係構築にもつながった。

出光佐三は明治十八年（一八八五年）に福岡県宗像郡赤間村（現・宗像市）で生まれ、昭和五十六年（一九八一年）に九十五歳で亡くなったが、その生涯はまさに近代日本の実業人の気概に満ちていた。

日本が戦争に敗れたとき、彼はすでに六十歳、その頃の平均寿命や栄養状況を考えれば現在の八十歳に近いと思う。敗戦で会社資産のほとんどを失いながら不屈の闘志で再建し、日本の復興のために必死の努力をした。骨惜《お》しみせず、死に物狂いで働いた、戦前から続く日本人の生き方そのものだった。

もちろん、出光佐三と同じような環境に育っても、誰もが佐三にはなれない。持って生まれた強烈な性格に加えて、佐三は、勤勉で厳格な父親に「一所懸命働け」「質素であれ」「人のために尽くせ」ということを教えられた。

そして神戸高等商業学校（現・神戸大学経済学部）に入ったことも幸運だった。当時の神戸高商は少数精鋭主義で、校長が横浜正金銀行（現在の三菱東京ＵＦＪ銀行）出身の水島銕《てつ》也《や》という人物だった。

水島は、日清戦争に勝利した日本が、結局は三国干渉で遼東半島を清国に返還せざるを得なかったとき、国力は軍事力だけではない、経済力も含めた総合的なもので、そのためには国際的に活躍できる経済人をつくることが大事だと考えた。それで銀行を辞め、神戸高商の初代校長となった。水島は家族主義を大事にし、学生たちとは息子のように、教授たちとは弟のように付き合った。佐三がのちに経営者になり家族主義を社是にしたのも、水島の影響だとされる。

そして水島のモットーだった「(経営者は)黄金の奴隷たるなかれ」という言葉を終生忘れなかった。あとで詳しく述べるが、今時のグローバル企業の経営者に聞かせてやりたい言葉である。

出光佐三は、従業員、その家族、郷土や共同体、ひいては「我が国」のことを考えた。字義どおり「経世済民《けいせいさいみん》」を実践しようと努めた経済人だった。

敗戦後に重役の一人が、会社の負担を軽くするために、社歴の浅い社員には辞めてもらうのはどうだろうと提案すると、佐三は「馬鹿者! 店員は家族と同然である。社歴の浅い深いは関係ない。君たちは家が苦しくなったら幼い家族を切り捨てるのか」と一喝する場面が『海賊とよばれた男』に出てくる。実際には自ら会社を去った者もいたが、佐三は、社員を

百田尚樹著『海賊とよばれた男』

一人も会社都合では馘首《かくしゅ》しないという方針を貫いた。

こういう経営者であればこそ、社員もそれに応えようと奮闘した。日章丸が日本を発《た》ったとき、イランに向かうことは船長と機関長しか知らなかった。船員たちは本当の目的地を知らずに出航したのである。そしてセイロン沖で暗号電文を受信した船長が、「本船の目的は英国の海上封鎖を突破してイランから石油を積み出すことだ」と告げると、船員たちはたじろぐどころか、「日章丸万歳！　出光万歳！　日本万歳！」と叫ぶ。

百田尚樹氏は、こう語っている。

〈私は、この件を書きながら何度も泣きました。己一個の人生の充実、幸福なんてどうでもいいとは言いませんが、己一個を超えたところに繋がる人生がある。国岡鐵造（出光佐三）、そして鐵造を支えた男たちの凄さと、今の日本人は繋がっているのだということを知らせたかった。それは宮部久蔵の物語も同じで、孫の慶子、健太郎と宮部が繋がること、過去と現在の日本が断ち切られたままではなく、ちゃんと繋がらなければいけなかった。俺たちの祖父は狂信者ではない、苛酷な時代を懸命に生き、自分以外の誰かに人生を捧げたのだと〉（前掲『別冊正論』）

「日本海軍魂」は脈々と続いている

旧態依然の日本人には、この感覚はわからない。「公共や国家のために個人が犠牲になってはならない。その必要はない」というのが戦後の人権観、人命尊重である。「個人の尊重こそが唯一無二の価値で、国家に奉仕や献身を求められることなどあってはならない。自分以外の誰かのためにと考えるのは、最後に必ず国家と結びつく戦前の危険思想だ」と彼らは考え、忌避《きひ》してきた。だから自衛隊の海外派遣が、たとえ日本国と日本国民のためだとしても、彼らは「人殺し集団」などと非難する。

しかし、自衛隊の現場の隊員たちは黙々とそれに耐えている。国会でどんなくだらない議論が交わされようと、新聞やテレビでいかに理不尽な非難にさらされようと、我が国の自衛隊はこれまでクーデターも起こさず、日々の任務をまっとうしてきた。

第一次湾岸戦争（一九九一年）のとき、ペルシャ湾に掃海《そうかい》任務で派遣された海上自衛隊第一掃海隊群の司令を務めた落合畯一等海佐（当時）の話を聞く機会があった。

イラクが停戦を受諾した一九九一年四月、防衛庁長官による「ペルシャ湾における機雷等の除去の準備に関する指示」が出され、海上自衛隊に「わが国船舶の航行の安全確保のためペルシャ湾における機雷の除去及びその処理を行うことを目的とする」出動が下令され、自衛艦隊司令官に直属する「ペルシャ湾掃海派遣部隊」が編成された。

掃海母艦「はやせ」を旗艦とする総員五百十一名の部隊は、四月二十六日に日本を出航、五月二十七日にドバイのアル・ラシット港に入港し、六月五日から九月十一日までのあいだ、アメリカや他の多国籍軍派遣部隊とともに掃海作業を実施した。英・仏・独・伊らの各部隊が掃海終了宣言を出し掃海作業を打ち切って帰国したあとも、日本はサウジアラビア政府の要請を受け、独自でカフジ沖の油井に至る航路の掃海を実施した。

そのとき爆破された三十四個の機雷のうちリモコンを使って比較的安全な遠隔操作によって爆破されたのは五個、水中処分隊員が機雷に近づいて、直接手作業で爆破準備したのが二十九個もあった。これは凄いことだと言わねばならない。

ちなみに落合氏は、大東亜戦争末期の沖縄戦で海軍部隊を指揮し、自決にあたって「沖縄県民かく戦へり。県民に対し、後世特別のご高配を賜らんことを」と海軍次官に打電し、後世にメッセージを残した沖縄方面根拠地隊司令官の大田実中将の三男である。

落合氏の話を聞いて、私は「日本海軍魂」というのは脈々と続いているのだなと思った。落合氏は、「自分の部下五百人は海上自衛隊のクズだった」という。打ち解けた雰囲気のなかではあったが、その発言には驚かされた。

海上自衛隊はどのコースに入っても外国に行く経験ができるが、掃海部隊だけは沿岸部隊だから外国に行く機会がない。防衛大学校を卒業しても、できの悪いのが配属される。兵隊もそんなものだから大卒はほとんどいなくて高卒ばかり。頭を使う仕事はまったくなく、ただ危険なだけ。そんな部下を率いてペルシャ湾に行った。

ところが、彼らは実に規律正しく、あらゆる困苦欠乏に耐えて無事故のうちに任務を果たし、無事に帰国した。その帰国も洋上で一カ月くらいかかる。しかも、掃海艦は小さな船だから一週間に一度はどこかに寄港し、水と食糧を補給しなければならない。

東京から、「ご苦労だったから、帰途は隊員みんなを飛行機で輸送し、掃海艦は輸送船に曳《ひ》かせるがどうか」という打診があった。「みんな喜ぶだろう」と思ったら、「司令、艦を置いては帰れません。このまま一緒に帰ります」と。この部隊には特別賞状（職務の遂行に当たり、特段の推奨に値する功績があった部隊）が贈られた。自衛隊創隊以来初のことだという。

湾岸戦争では、日本は米英を主力とした多国籍軍に百三十億ドルにも上る資金協力を行った。にもかかわらず、クウェートが湾岸戦争終結後、『ワシントン・ポスト』紙の全面を使って謝意を表した広告に日本の国旗はなかった。クウェートの〝解放〟に貢献したすべての国の国旗が掲載されるということだったのが、金銭的貢献しかしなかった日本は除かれたのである。

しかしそれも、掃海部隊の派遣と活躍によって、クウェートで日本の国旗が新たに印刷された記念切手が発行されるなど、我が国は〝復権〟を果たした。だが、こういう話を新聞もテレビもほとんど伝えない。

平成二十八年六月末、共産党の政策責任者である藤野保史政策委員長がＮＨＫの討論番組で、防衛費を「人を殺すための予算」と語り、番組後に「不適切だった」と撤回したものの辞任（事実上の更迭《こうてつ》）するという一件があった。藤野氏は、自衛隊を「人殺しの組織」と決めつけたかったのだろうが、参議院選挙の協力相手である民進党ですら、前原誠司元外相が「極めて悪質でひどい発言だ。身を賭してやっている隊員に対して極めて失礼で無礼だ」と批判したほどに、「不適切」というよりも悪意のある発言だった。この一事をもっても日本共産党が我が国の安全保障を真剣に考えていないことがわかる。

共産党に限らず戦後日本の左派の多くは、自衛隊を「違憲の組織」と決めつけ、国と国民を守る役割を否定してきたが、もうこうした流れに乗せられる国民は少なくなってきた。「新しい日本人」は、個人の幸福追求は自らが属する国家社会が安定して存在してこそ可能で、人間は一人では生きられないという現実を認識し、そのための義務や責任を果たすことを棚上げできないと気づいている。

一色正春元海上保安官の「やむにやまれぬ思い」

平成二十七年九月十九日、我が国会は「平和安全法制整備法案」と「国際平和支援法案」を成立させた。これが多くのメディアと政党が「戦争法案」と勝手に呼称して非難した安全保障関連法案の正式名称である。

国民のどれほどが正式名称を知っていたか。「平和安全法制整備法案」は自衛隊法や武力攻撃事態法など十本の改正を一括したもので、「国際平和支援法案」は他国軍の後方支援を随時可能にする新法である。

この新法制は、米国など「親密な関係にある他国」に対する武力攻撃が発生した場合に、それが我が国の「存立危機事態」と認定されれば、集団的自衛権の行使を可能にするものである。たしかに後方支援や自衛隊の海外派遣先での駆け付け警護、国連平和維持活動（PKO）の任務や活動範囲も拡大することになるが、新法制の根幹をなす集団的自衛権の行使は、自国防衛のみを目的とする限定的な容認にとどまる。

安全保障政策を専門としない憲法学者の「違憲論」が幅を利《き》かせ、国会で実のある議論を避けて国民の目を眩《くら》ませた野党や識者と称する人々の無責任が厳しく追及されないままなのは残念だが、「新しい日本人」はそうした旧態依然の主張に流されることはなかった。

この法案成立までの過程でメディアの多くが国民を誤った方向に導こうとした。

たとえば安保関連法案の衆議院通過後に行った世論調査の結果として、安倍政権の支持率下落を報じた。これは平成二十五年十二月に特定秘密保護法が成立したときも同様だった。

特定秘密保護法案は、国の安全保障上、高度な機密情報の漏洩《ろうえい》防止を強化することが狙いで、国家安全保障会議（NSC）創設に伴い、友好関係にある諸外国の情報機関との情報共有のために必要だった。

特定秘密は（1）防衛、（2）外交、（3）特定有害活動（スパイなど）の防止、（4）テロ活動防止の四分野に限られている。安全保障上必要な機密保護は行わねばならないが、何を秘匿《ひとく》し、何を開示すべきかは、時の政府の都合（利害）ではなく、日本国のために判断しなければならない。

ここで日本国民に思い出してほしいのは、「尖閣《せんかく》沖での中国漁船体当たり事件」である。平成二十二年九月七日、我が国の尖閣諸島沖で違法操業していた中国漁船が海上保安庁の巡視船「よなくに」「みずき」に体当たりをしてきた。同庁は当該漁船の中国人船長を公務執行妨害容疑で逮捕したが、那覇地検は同月二十五日、処分保留のまま釈放した。同年十一月、一色正春海上保安官（当時）が体当たりの様子をインターネットの動画サイトに投稿し、国民の知るところとなった。

一色氏は国家公務員法（守秘義務）違反容疑で書類送検され、起訴猶予《きそゆうよ》処分となったが、一色氏の「やむにやまれぬ思い」がなければ、国民は中国漁船の攻撃的な態度を知ることができなかった。

当時の菅直人《かんなおと》政権は映像の公開を拒否し、動画サイトに映像が流出すると仙谷由人官房長官（当時）は「ゆゆしき事件だ」と厳しく批判し、当時問題になっていた「大阪地検特捜部の（押収資料改竄《かいざん》・犯人隠匿《いんとく》）事件に匹敵する」として「犯罪行為」と断じた。

映像流出後、菅政権は仙谷氏主導で情報漏洩防止のため秘密保全法制を検討し、有識者会議が「最高刑懲役十年の罰則を盛り込んだ秘密保全法制を早急に整備すべきだ」とする報告書をまとめたものの、法案提出には至らなかったという経緯がある。

当時の民主党政権の判断は、明らかに中国に迎合した摩擦回避で、日中関係における日本の正当な主張を自ら弱め、安全保障上も大きな不利益をもたらした。このような運用がなされる「特定秘密保護法」であってはならないが、安倍政権は、民主党政権時代の映像流出は「特定秘密保護法案が想定する特定秘密に当たらず、秘匿《ひとく》の必要性はない」との見解を示したにもかかわらず、多くのマスメディアは警戒論しか展開しなかった。

問題なのは、彼らが民主党政権下の「秘密保全法制」には反対の声を上げなかったのに、安倍政権の「特定秘密保護法」には激しく反対したことで、これは悪質な二重基準である。

しかし、結果的に「新しい日本人」はマスメディアのこうした二重基準を見抜いて「いつか来た道」式の警戒論には乗らなかった。むしろ、民主党政権時代のような対応では困ると考える人々がはっきり増えている。

過去・現在・未来という時間軸の意識が不可欠

日本の自立性と国力向上に資する政策がマスメディアの一斉攻撃を受け、世論調査における支持率の下落を招くのはなぜか。安倍首相が「日本を取り戻す」ための政策に取り組めば取り組むほど、新聞や地上波のテレビが伝える支持率は下がり、それが「民意」とされたが、それは正しいか。

政治家やマスメディアが一般的に「民意」を口にするとき、それはおおむね有権者の意向を指す。選挙での投票はそれを行使する者が歴史的な感覚を持たないかぎり、いま生きている者の代表でしかない。国家や共同体の運営には、過去・現在・未来という時間軸の意識が不可欠であると考えるならば、「現在」の価値観や損得勘定のみで過去と未来を損なってはならない。

戦前との連続性を断ち切ったまま、いまの「民意」のみを尊重するならば、日本の永続のために何がより肝心かという問題意識は薄くなる。

集団的自衛権の行使容認がなぜ必要なのかを考える前に、「徴兵制になる」「戦争に巻き込まれる」といった悪意をもって煽動《せんどう》する人々の論理性のない一方的な言葉に乗せられ、マスメディアがそれを言論の自由を振りかざして増幅し、有無を言わせぬ「民意」を形成、拡大して政治を怯《ひる》ませ、後退させてゆくとすれば、それは国民に「大事」の存在を気づかせることなく、日本の自主性、独立性の確立という命題から常に国民を遠ざけていくことになる。

平成二十六年五月十五日、限定的な集団的自衛権の行使容認を盛り込んだ政府の有識者会議「安全保障の法的基盤の再構築に関する懇談会（安保法制懇）」の報告書を受け取った安倍首相は、行使容認について「必要な法的基盤を盤石にする確固たる信念を持って、真剣に検討を進めていく決意だ」と表明した。

翌日の新聞は、これをどう報じたか。私が驚いたのは『東京新聞』の一面で《「戦地に国民」へ道》と特大の見出しが躍っていたことである。『朝日新聞』ですら《集団的自衛権行使へ転換》で、『毎日新聞』も《集団的自衛権容認を支示》だった。『東京新聞』の突出が際立ったが、地上波のテレビ放送もその流れに近い内容が多かった。

そもそも現行憲法の九条を「平和の守護者」と考えるなら、なぜ北朝鮮による拉致《らち》被害を防げず、またなぜその被害者を救出できないのか。あるいは最近でいえば、平成二十五年一月、プラント建設大手「日揮」の社員たちは、アルジェリアの経済発展に貢献しながら、なぜイスラム武装組織に人質にとられて殺害されたのか。

哲学者の田中美知太郎氏に「憲法で平和をいくら唱えてもそれで平和が確立する訳はない。ならば憲法に、台風は日本に来てはならないと記すだけで台風が防げようか」という至言があるが、〝九条信者〟の人々はこれに答えねばならない。

憲法の文言《もんごん》が絶対であるのなら、日本に「台風は来るな」と書けば台風は来ないのか。「戦争は嫌だ」と言っていれば巻き込まれることはないのか。平和を愛する諸国民の公正と信義に信頼していれば、日本は未来永劫《みらいえいごう》無事でいられるのか。

こんな観念の遊戯《ゆうぎ》は、とっくに破綻《はたん》している。

我が国の舵取りに働いている「暗黙知」

昭和三十五年（一九六〇年）、安倍首相の祖父である岸信介《のぶすけ》元首相が断行した日米安保条約の改定は、米国側に日本防衛の義務が盛り込まれていない旧条約の片務性を改め、米ソ冷戦下での日本の安全性（米軍による抑止力）を高めたとその後の歴史が示したが、当時の「民意」はその意味を理解せず、反対の大騒動が起きた。

実際に国会周辺は十万人を超えるデモ隊が取り巻き、一部が国会に突入して死者を出した。岸政権批判を続けていた新聞各社もさすがに危機感を覚え、デモ参加者に自制を求める宣言（「暴力を排し議会主義を守れ」という七社共同宣言）を出した。

新安保条約はそうした騒動のなか、自然成立したが、その間《かん》、首相官邸を動かなかった岸は、プロ野球のテレビ中継を見ながら「球場は満員の盛況だ」と語った。これは、安保改定に全国民が反対しているのではない、国民の「声なき声」に自分は耳を傾けている、サイレント・マジョリティは自分を支持している、という確信でもあった。

つまり当時から、庶民の「暗黙知」はそれなりに我が国の舵取りに働いていたのだが、それがメディアの空騒《からさわ》ぎと大規模デモのなかに埋没し、本質的な議論のないままに過ぎていった。そして過ぎてしまえば、日本国民は日米安保条約下の日本の役割を果たし、冷戦の西側勝利に貢献しつつ、自らの経済成長をも遂げた。これは当時の学者、文化人、マスコミ人士の功績ではない。庶民の直感と日常感覚の賜物《たまもの》である。

現在、民進党の衆議院議員である辻元清美氏らが早稲田大学の学生時代に設立した「ピースボート」なる民間国際交流団体がある。客船による世界一周の旅を主催しているが、彼らの船がアフリカのソマリア沖を航行するとき、それを海賊から守っているのは海上自衛隊の護衛艦である。

厳密に言えば、海自は海賊対策の国際的枠組みの中で派遣されているのだが、ピースボートは海賊対策での海自派遣そのものに反対していて、その保護を受けるのは、主張とのあいだに矛盾がある。「主張とは別に参加者の安全が第一」であるというのなら、なんとも虫のいい話で、いい加減、現実を踏まえた議論に頭を切り替えるべきである。

「反戦平和」のみフレームアップするマスメディア

マスメディアは、ピースボートのご都合主義については批判しない。そもそも報道自体が極端に少ない。代わりに「反戦平和」を叫ぶ市民運動に関してはフレームアップに近い報道をする。たとえば、平成二十七年夏の安全保障関連法案への反対運動を彼らはどう伝えたか。
《「廃案、ハイアン」、世代超えNOの波　国会前に集結》という見出しの「朝日新聞」（デジタル版・平成二十七年八月三十日）記事には、こう書かれている。

〈8月最後の日曜日となった30日、安全保障関連法案に反対する人々が国会前に集まった。大学生、1960年安保の運動家、戦争体験者――。世代を超えた人の波は主催者発表で12万人となり、国会議事堂前や周辺を取り囲んだ。抗議のうねりは全国各地にも広がった。
午後2時すぎ、国会議事堂の正門前。「戦争NO！」「9条壊すな」などと記された、赤や青、黄色のプラカードを手にした市民で、東西に延びる幅50メートル近い車道が埋め尽くされた。
拡声機から流れる「戦争法案いますぐ廃案」のかけ声に合わせ、「ハイアン・ハイアン」と声をあげる。（略）
当時の岸信介首相が退陣した60年安保闘争の際には、約30万人とされるデモ隊が集まり、大学生の樺（かんば）美智子さんが圧死する事件が起きた。今回、主催者側は「万が一の事故が起きないよう、状況に応じて車道を開放してほしい」と事前に警察側に求めていた。

この日の国会周辺の人出を約3万3千人とする警察側は、開始前の段階で人々を車道に誘導し始めた。警視庁関係者は「想定していたより人出が多かった。押し合って倒れるなどけがをしないよう、現場の判断で歩道と車道を隔てていた柵を外した」と語る。

正門前の車道に加えて、国会をぐるりと囲む約1・3キロの歩道や、周辺の地下鉄駅の通路まで人波は延びた。流れを規制するバリケードの前で「ア・ケ・ロ」「ア・ケ・ロ」と声をあげる人々や、正門前にたどり着けず、「議事堂も目にできないなんて」と嘆く男性も。朝に思い立って名古屋市から駆けつけた大学教員の女性(36)は「これだけ集まったのは、国民の関心のあらわれ」と語った。(略)〉

記事は、集会に著名人が参加したことも伝えている。

〈音楽家の坂本龍一さんも国会前に駆けつけた。中咽頭(いんとう)がん治療のための休養から復帰したばかり。「現状に絶望していたが、若者たち、主に女性が発言するのを見て、希望があると思った」と声を振り絞った。

「民主主義や憲法が壊される崖っぷちになって、日本人に主権者や憲法の精神が根づいていると示された。日本の歴史のなかでは、憲法は自分たちの命をかけて闘いとったものではなかったかもしれないが、今まさにそれをやろうとしている。ぼくも一緒に行動していきます」と話し、学生団体「ＳＥＡＬＤｓ」の奥田愛基《あき》さんと握手した〉

さらに、冒頭の見出しにあるように、世代を超えた大きなうねりであることを証するかのように次のような記述が続く。

〈「敷布団と掛け布団」。中野晃一・上智大教授が最近、集会でこんな例《たと》え話をしてくれた。若者らの新しい運動が掛け布団。長年続く運動が敷布団。多くが政治への不満を募らせる「寒い時代」にはふかふかの掛け布団が重ねられる。それは喜ばしいこと。でも地味で誰も気に留めなくても、敷布団がなければ体が痛くて眠れない――。（略）「敷布団は敷布団らしい働きをしよう」。反原発や沖縄問題に取り組む団体、法律家や学者、母親世代の「ママの会」……。別々に活動する市民団体を束ね、今回の主催・賛同団体は約30に上った。（略）〉

そして、若者の登場である。

〈抗議行動が終わった後、ＳＥＡＬＤｓの中心メンバー、奥田愛基さん（23）は話した。「日本が70年間、一人も戦死しなかったのはずっと声を上げてきた人たちがいたからなんだなと今日思った。それって本当にすごいことだと思う」〉

なぜＳＥＡＬＤｓを「普通の学生」としか伝えないのか

『朝日新聞』のこの記事を読むと、まさに安保法制をめぐって国民各層の怒りが一堂に結集し、安倍政権を打倒しそうな勢いが感じられる。が、これは「事実に基づいた報道」とは言い難い。先述のように「主義・主張」に基づく朝日新聞の願望の表明でしかない。

参加人数がリード部分で十二万人、本文中で三万三千人となぜ大きな差があるのか。前者は主催者発表の数字で後者は警視庁調べと断っているが、最初に大きな数字を持ってきたのは「大集会」であることを印象づけたいとの考えからだと想像する。これを編集方針というなら、はっきり「朝日新聞は主義・主張でつくっています」と読者に宣言すべきである。

そして実数はどうだったのか。それを自社で確認しようとはしないのか。こうした報道の仕方は朝日新聞に限らないが、もはやこの手の操作は通用しない。

新聞や地上波のテレビが普通の市民のように報じる「運動家」の正体が雑誌メディアやインターネットを通じて次々と明らかにされている。

たとえば、参議院特別委員会の中央公聴会にも呼ばれ、安保法制反対運動で最も有名になった学生組織「ＳＥＡＬＤｓ」のリーダーの一人、奥田愛基氏は、あたかも普通の学生が「安倍政権の暴走」に対し、やむにやまれず声を上げたかのような伝えられ方をした。

だが実際には、彼は福岡県で「反天皇主義」と「ホームレス支援」活動で名を知られた牧師の父のもとに生まれ育ち、ＳＥＡＬＤｓは、平成二十四年に自身が結成した反原発グループの「一時的自主管理区域」（ＴＡＺ）が発端で、翌平成二十五年に「特定秘密保護法に反対する学生有志の会」（サスプル、ＳＡＳＰＬ）に衣替えし、解散を経て名称変更した組織というのが実体である。

もちろん、人はどのような思想信条を持とうが自由である。奥田氏の父親が小泉元首相靖国神社参拝に対する福岡山口訴訟の原告の一人で、反天皇主義者であることもかまわない。

私が問題にしているのは、まったくの私人ではなく、公的な意味を持つ活動に参加し、一定の影響力を持つ存在となったら、その人物の背景についても伝えるのがメディアの仕事であり、それを「普通の学生」としか伝えないとすれば、そこにはメディアにとっての〝不都合な真実〟があるからではないか。

ＳＥＡＬＤｓは「自由と民主主義のための学生緊急行動（Students Emergency Action for Liberal Democracy - s）」の英訳の略称で、奥田氏をはじめとする若者たちが、我が国の未来に危機を感じて国家と国民のために立ち上がったとするなら、その心意気やよしである。

ＳＥＡＬＤｓ主催の国会前デモで別の団体に所属する福岡の大学生が「そんなに中国が戦争を仕掛けてくるというのであれば、そんなに韓国と外交がうまくいかないのであれば、アジアの玄関口に住む僕が、韓国人や中国人と話して、遊んで、酒を酌み交わし、もっともっと仲良くなってやります。僕自身が抑止力になってやります。抑止力に武力なんて必要ない。絆《きずな》が抑止力なんだって証明してやります」などと発言して注目を浴びたが、そもそも自由と民主主義を守るためには日本の独立と安全を確保することが大前提で、その意味では彼らは現実の国防問題や抑止力の意味をあまりに知らず、感情の奔流《ほんりゅう》だけで国際的な視野が決定的に欠けていた。

メディアがそれを伝えてこなかった責任は大きいが、きちんと学ぼうとしなかった彼らにも問題がある。

さらにメディアの責任に言及すれば、彼らはＳＥＡＬＤｓの背後関係を知らなかったのか。そうではあるまい。知っていて報じなかったに違いない。

メンバーの中に日本共産党の若手の下部組織である民主青年同盟（民青）関係者がいたことを、どれほどのメディアが報じたか。「日本共産党綱領を学び」「日本共産党を相談相手に、援助を受けて活動する」ということが「民青」の規約には記されている。ＳＥＡＬＤｓは街宣活動で日本共産党直系の全労連の宣伝カーを使ったことがあり、両者が無関係でないことを示している。

これに関してはメディアの多くが、「綱領や規約はなく代表もおいていない。特定組織とは一線を画し、ネットで集会参加などを呼び掛け、自主的に集まってくる若者たちとラップ調の音楽や踊りで活動をしている」というＳＥＡＬＤｓの言い分をそのまま伝えていた。

たしかにＳＥＡＬＤｓは共産党だけでなく民主（当時）、維新（同）、社民、生活の党（同）とも共同で街宣することがあったが、ノンセクトを装った民青の強い影響下で一般の若者たちの動員を図っていた可能性について分析があってしかるべきだった。それがメディアの仕事である。

第三章

「反知性主義」って何のことですか?

真に知性的であろうとするなら……

日本の新聞、地上波のテレビは本当に仕事をしていない。こんな事例から考えてみよう。二〇一五年十二月十九日に中国海南島で開かれたミス・ワールド世界大会に出場しようとしたカナダ代表のアナスタシア・リンさんが中国に入国を拒否された。リンさんは中国系カナダ人である。入国拒否の理由について中国外務省は「状況を把握していない」(洪磊報道官)と、にべもなかったが、真相は、彼女が中国における人権問題に関して活動していたからである。

リンさんはもともと中国・湖南省出身で、十三歳の頃に父親と離婚した母親とともにカナダに移住し、トロント大学で演劇を学んだ。在学中から中国の人権問題を扱う映画やテレビ番組に出演し、中国当局に収監《しゅうかん》され弾圧される気功集団・法輪功の学習者を演じたほか、二〇一五年七月には米議会の公聴会で、法輪功学習者に対する中国当局による迫害や臓器狩りの実態について証言もしていた。リンさんによれば、代表に選ばれた数日後、中国に住む父親が公安当局から嫌がらせを受けたという。

「拷問で大半の歯を失った人権派の弁護士が治療を受けられないのはなぜか。臓器移植ドナーと死刑執行の数を合わせても数万件の移植手術件数に満たないのはなぜか。検閲のない情報を見ることができないのはなぜか」等々のリンさんの中国の人権問題と言論弾圧への批判を、中国当局は封じたかったのである。

リンさんが入国できなかったニュースは日本でも流れたが、〈招待状が届かなかったためビザを取得できなかった〉（共同通信）というだけでは何のことかわからない。主催者が招待状を送らなかったとしたら、その経緯はどうなっているのか。中国がミス・ワールドの主催者に圧力をかけたのか。

日本のメディアがこれに関心を持たないとしたら、彼らはその程度の中国報道でいいと思っているのか。日本国内では盛んに人権問題を論《あげつら》うくせに、中国国内のそれには無関心らしい。

ちょうどリンさんの問題が起きた同じ頃、日本では「反知性主義」という言葉が飛び交っていた。その定義や解釈は論者によって違いがあったが、事実上、安倍首相に対する批判に用いられることが多かった。

たとえば、ＳＥＡＬＤｓなどが平成二十七年十二月六日に開いた集会に「サプライズゲスト」として登場した俳優の石田純一氏は「反知性主義」を連呼したという（平成二十七年十二月十一日付『産経新聞』）。

それまでも安保関連法に反対の立場を鮮明にしていた石田氏は集会で、〈「ちょっと酒を飲んでも、街を歩いていても、『君の言っていたことは間違っている。中国が攻めてきたら丸腰でどうやって戦うんだ』とよく言われる」〉と自らのエピソードを交え、こうした懸念を「反知性主義」と断じたうえで、〈「世界一平和で安全な国をなぜ変える必要があるのか。本当に危惧《きぐ》している」とも訴えた〉（同）らしい。

だが現実の東アジアを見れば、軍事的緊張を高めているのは日本ではなく中国や北朝鮮である。『産経新聞』の記事は〈力による現状変更を試みようとする勢力に対し、侵略を思いとどまらせる「抑止力」を持つことは、「反知性主義」なのだろうか〉と問いかけるが、その後、これに石田氏が応じたということは聞かない。

この集会の二週間後、ＳＥＡＬＤｓなどの市民団体が、平成二十八年夏の参議院選挙に向け、安全保障関連法廃止を訴える野党統一候補を支援する「安全保障法制の廃止と立憲主義の回復を求める市民連合」を結成し、都内で記者会見を開いた。

この市民連合は、ＳＥＡＬＤｓや安保法制に反対する「ママの会」「学者の会」など五団体の有志が呼びかけて発足《ほっそく》したという。山口二郎法政大学教授は記者会見で「参院選のすべての一人区で野党統一候補を立てるというゴールに向けて各党を動かしていく」と方針を語ったが、この山口氏は、安保法制を進める安倍首相に対し、こう発言したことがある。

「昔、時代劇で萬屋《よろずや》錦之介が悪者を斬首《ざんしゅ》するとき、『叩き斬ってやる』と叫んだ。私も同じ気持ち。もちろん、暴力をふるうわけにはいかないが、安倍に言いたい。お前は人間じゃない！　叩き斬ってやる！　民主主義の仕組みを使って叩き斬ろう。叩きのめそう」

真に知性的であろうとするなら、同じセリフを安倍首相にではなく、自由を求める中国の民衆のために習近平《しゅうきんぺい》に言うべきではないかと私は思うが、「反知性主義」をもって安倍首相を批判する論者の中にそれは見当たらない。

「尖閣諸島国有化以後に悪化した日中関係」？

さて、読者にはＳＥＡＬＤｓや石田純一氏、山口二郎氏のような発言に対し、次のような事実をも知ったうえで自らの知性に問いかけてもらいたい。

二〇一六年九月に開かれた東アジア首脳会議（ＥＡＳ）で、安倍首相は国際法に基づく海洋秩序の重要性を強調し、中国に対して南シナ海での中国側の主張を全面的に否定した仲裁裁定に従うよう求めた。オバマ米大統領も、仲裁裁定について「法的拘束力がある」と記者会見で強調した。仲裁裁定を「紙切れ」といって無視する態度を変えない中国に参加各国も翻意《ほんい》を促した。

この意味は大きいが、中国は相変わらず仲裁裁定を無視したまま南シナ海の軍事拠点化を着々と進めている。スプラトリー（南沙）諸島で人工島造成を進め、滑走路や港湾を整備し、軍備を増強中である。

日本とのあいだには尖閣《せんかく》諸島だけでなく、東シナ海の日中中間線付近で中国が一方的に進めるガス田開発の問題もある。

日中両政府は平成二十年に東シナ海のガス田共同開発について合意したが、中国側はこれを無視するかたちで開発を続けている。

二〇一六年十月上旬に中国が移動式掘削船を停船させて作業を行っていることが確認され、同海域ではこれまでに十六基の施設が確認済みだが、新たな施設と判断されれば十七基目となり、日本側の海底資源が奪われたり、軍事用レーダーを設置されたりする危険性がある。

岸田文雄外相の抗議に対し、中国外務省報道官は「日本は中国の主権を尊重し、中国の正常な活動をあれこれ非難するのをやめるよう望む」と、どこ吹く風である。

中国と日本の関係において、ほとんどのマスメディアは近年、「尖閣諸島国有化以後に悪化した日中関係」と伝えるが、これは正しい認識ではない。

石原慎太郎氏が都知事時代の平成二十四年に尖閣諸島の購入計画を表明し、都民、国民から多くの拠金《きょきん》が寄せられた。

そのとき「石原さんが尖閣購入を言い出さなければ、中国とのあいだに問題は起きなかった」と批判したのは民主党（当時）の前原誠司元外相だったが、マスメディアはそれに何の疑問も感じなかったのか。

実際には平成二十四年の春先、中国共産党機関紙である『人民日報』が、尖閣は中国にとって核心的国益であり、それを守るためにさらに果敢な行動に出る。そのために必要な機材も準備すると宣言したことに始まる。

これに対し、「現実問題として、こちらの懐《ふところ》に手を突っ込まれている状態で何もしないということはあり得ない。個人の日常にたとえてもその手を振り払うのが当たり前じゃないですか。私は何もしない政府に代わってでもあの島々を守るために取得し、灯台や船だまりなどのインフラも整備してあの島々を守らねばと決心し、それに呼応して数多《あまた》の国民から献金が寄せられたわけです。国民の国防意識の高さを汲まずに、不作為を続ける政府に非難されるいわれはない」と述べた石原氏の認識は間違っていない。

この経緯は拙著（『優位戦思考で世界に勝つ』ＰＨＰ研究所、平成二十六年刊）で述べたとおりだが、東京都が尖閣諸島の購入を表明し、その後、実際に国が購入したことが、日中関係悪化の引き金になったのではないことを日本国民は知っておく必要がある。

政府、マスコミの見通しの甘さとお人好しぶり

問題の根は、もっと遡《さかのぼ》ることができる。そもそも中国が尖閣諸島の領有権を主張しはじめたのは、一九六八年（昭和四十三年）の国連アジア極東経済委員会（ECAFE）の海洋調査で、同諸島に豊富な海底資源の存在が明らかになって以後である。

その後、一九七八年（昭和五十三年）十月に、日中平和友好条約の相互批准《ひじゆんしよ》書交換のため来日した鄧小平副首相（当時）が「尖閣の問題は十年、またはそれ以上棚上げしてもかまわない」と次世代に解決を委《ゆだ》ねる発言をしたことで、摩擦回避ができるとばかりに我が国の政府もマスコミも「さすがは鄧小平《とうしょうへい》、物わかりがいい」と大歓迎した見通しの甘さ、中国に対するお人好しが今日の状況を招いたといえる。

しかも中国は、〝棚上げ〟という日本側の受け止め方に関係なく、一九九二年二月、全国人民代表大会の常務委員会で「中華人民共和国領海および毘《び》連区法」を制定発布し、尖閣諸島は中国の領土だと勝手に決めたのである。

同法第二条は「中華人民共和国の領海は中華人民共和国の陸地領土と内海に隣接する一帯の海域とする。中華人民共和国の陸地領土は中華人民共和国の大陸とその沿海の島嶼《とうしょ》、台湾

及びそこに含まれる釣魚島とその付属の各島、澎湖《ほうこ》列島、東沙群島、西沙群島、中沙群島、南沙群島及びその他一切の中華人民共和国に属する島嶼を包括《ほうかつ》する」と規定している。

この条文に書いてある島嶼をつないだものが、「中国の赤い舌」と呼ばれる地域である。中国内部では尖閣諸島を含む台湾や澎湖諸島はもちろん、ベトナムやフィリピンなどと係争中の南シナ海の西沙、南沙両諸島まで中国の領土だという一方的な領有意識が法的根拠を持った。

しかし当時の日本政府（自民党政権）は、尖閣諸島が「中国の領土」として法的に定められたことに対し、厳《きび》しく抗議しなければならなかったにもかかわらず――現に尖閣諸島や沖縄近海への中国艦船による示威《しい》や威嚇《いかく》があったにもかかわらず――何の対抗措置《そち》もとらなかった。事態の重要性にも気づいていなかった。

領海法制定の二カ月後の江沢民総書記の来日、その年秋の天皇、皇后両陛下の訪中という「日中友好」推進外交を国内の異論を抑え込んでまで進めた。時の首相は宮沢喜一氏、駐中国大使は橋本恕《ひろし》氏という「親中派」で、彼らは両陛下のご訪中は積極的に進めても、尖閣諸島という日本の領土を守る問題には熱意がなく、無関心同然だった。多くのマスメディアも同様である。

中国の「国防動員法」について報じたのは『産経』だけ

中国は一九六八年以来、ずっと日本の懐に手を突っ込む機会をうかがい、実際に手を突っ込んできたのである。それに対して日本は政府もマスメディアも、経済界も「NO」と口にしてこなかった。「NO」と言った石原氏は日中関係悪化の引き金ではなく、日本側の覚醒《かくせい》を求めたにすぎない。

中国はさらに歩を進め、二〇一〇年一月、「中華人民共和国海島保護法」という法律を施行した。これは、中国領土の無人島は国が所有し、国務院が国を代表して所有権を行使するという法律で、一九九二年の「領海法」を前提に、事実上、尖閣諸島だけでなく彼らが領有権を主張する近海六千に及ぶ無人島の国有化を宣言している。こうした中国の動きについても、一部の新聞を除いて、NHKをはじめ大手メディアはほとんど報じることがなかった。

さらに中国は同年七月、「国防動員法」という法律を施行した。これは有事の際に軍務を優先し、国と軍が民間のヒトとモノを統制することを目的としたもので、中国国内で事業を営む外国企業（日本企業）も資産や業務、技術を中国政府に提供しなければならないと規定されている。しかも、彼らの「有事」は規定が曖昧《あいまい》で、チベットやウイグルをはじめとする少数民族の民主化要求運動に対する弾圧も「有事」とされる可能性がある。

また同法は、外国に居住する中国人（十八歳から六十歳までの男性と十八歳から五十五歳までの女性）も中国政府の指示に従わなければならないとしている。七十万人近い滞日中国人も対象で、仮に尖閣諸島を巡って日本と中国が衝突すれば、中国政府の指示に従って反日デモのような騒擾《そうじょう》が日本各地で起こる事態も考えられる。

これは平成二十年に長野で行われた北京オリンピックの聖火リレーにおける〝暴動〟を想起すれば、けっして杞憂《きゆう》とはいえない。数千人の中国人が同一規格の中国国旗を集団で振りかざし、チベット弾圧などに抗議する日本人を蹂躙《じゅうりん》した前例がある。この「国防動員法」についても、マスメディアとしては産経新聞くらいしかまともに報じていない。

「都知事の尖閣諸島購入の表明、その後の国有化が日中関係の引き金を引いた」という報道や論評がいかに的外れなものであるか、遡ってみれば歴然である。

「新しい日本人」は現実の厳しさに立ち向かう

一九九六年の台湾の総統選挙直前、台湾の民主化、自由化、本土化（台湾化）を進めようとした李登輝氏の当選を阻止すべく、中国は演習にかこつけて台湾海峡にミサイルを発射した。日本の沖縄近海にもその影響は及んだが、当時の橋本龍太郎政権は「公海上で行われる演習を国際法違反とは言いにくい」「中国には自制を求める」と言っただけである。

米国はこのとき、中国の軍事演習に名を借りた台湾への脅《おど》しに対抗すべく二隻の空母戦闘群を台湾近海に派遣した。横須賀を母港とするインディペンデンスだけでなく、中東方面に展開しているニミッツまで呼び戻して台湾攻撃の危機を封じ込んだ。

実は日本にも使えるカードがなかったわけではない。政府開発援助（ODA）である。中国はまだまだ日本の資金を欲していたのだから、台湾への露骨な軍事的威圧に対して「ODA四原則に照らして円借款《しゃっかん》の見直しをせざるを得ない」と言うことはできたはずである（ODA大綱では、①環境と開発の両立、②軍事的用途、国際紛争助長への使用の回避、③軍事支出、大量破壊兵器・ミサイルの開発・製造、武器の輸出入の動向への十分な注意、④民主化促進、市場経済導入、基本的人権、自由の保障への注意――この四点を供与《きょうよ》の際に考慮する原則としている）。

日本が中国の核実験に対する制裁として少額の無償援助を凍結したとき、中国は内々に「困る」と訴えてきたことがある。度を越した中国の軍国主義は経済面でもマイナスになるという日本の意志をいかに伝えるかに工夫は必要だが、中国はカネの力を痛感している国だからこそ効果があった。

中国に対する日本の経済的優位を活かすべきだったが、摩擦回避と事なかれ主義でその機会を逸した。モノを言うのは軍事力だけではない。その意味で振り返れば、湾岸戦争時の多国籍軍（米国）への百三十億ドルの拠出《きょしゅつ》は日本の意志を世界に伝えることに大きな抜かりがあった。米国の言いなりという姿を世界に晒《さら》したことは本当に残念だった。

現実の国際政治における外交・安全保障政策の基本は、各種紛争の未然防止にある。脅威となりそうな国には、その〝野心〟が軍事的にも経済的にも割に合わないことを覚《さと》らせる明確なシグナルを発することが必要である。安保法制の整備にはそうした意味があった。

「韓国人や中国人と話して、遊んで、酒を酌み交わし、もっともっと仲良くなってやります。僕自身が抑止力になってやります。抑止力に武力なんて必要ない。絆が抑止力なんだって証明してやります」

若者がこう熱く語るのは自由だが、現実の厳しさを知ることも彼らの成長には必要である。それを知らない理想論は、ただの空想や妄想の類《たぐい》にあっという間《ま》に堕《お》ちていく。現実にある脅威を見たとき、それに備えるための議論のどこが「反知性主義」なのか。

甘ったれてはいけない。「新しい日本人」は現実の厳しさに立ち向かっていく人たちである。

若者の多くはSEALDsに賛同しなかった

SEALDsは既成政党や労働組合に属さない若者主体の新しい市民運動としてもてはやされたが、そこに私のいう「新しい日本人」は見当たらなかった。

SEALDsは平成二十八年七月の参議院選挙で野党四党と連携して安保法廃止を訴えたが、結果は安倍政権の勝利だった。それを受けて八月に彼らは解散した。もっとも、有力メンバーは平成二十七年十月、参議院選挙後に解散すると表明していたが、彼らはこの間《かん》どれほどの〝学習〟をしただろうか。

彼らの運動がマスメディアの応援を受けながら国民のあいだに広がりを見せなかったのは、運動の形態はともかく、肝心の主張が米ソ冷戦時代から続く「古い左翼」そのものだったからである。それは〈若者らの新しい運動が掛け布団。長年続く運動が敷布団〉という『朝日』の記事によく表われている。だからメディアは応援したともいえるが、「戦後体制」から脱け出て日本の独立性を高めようという「新しい日本人」の共感を呼ぶことはなかった。

私に言わせれば「掛け布団」も「敷布団」も、厳しい国際社会の現実から目を逸《そ》らし、日本を国家たらしめないとするGHQ時代から続く憲法解釈にこだわり、国民を守る現実的手立てを論じることに「反知性主義」などとレッテルを貼って〝知的錯覚の遊戯〟に興じていただけである。

遊戯だからこそ、SEALDsのデモには「青春の夢よ、もう一度」とばかりに冷戦期以来の左翼運動の主張を懐《なつ》かしむ高齢者が参加し、それがメディアによって「安倍政権の暴走」を止めようとする若者と高齢者の共闘といった印象で伝えられたことで、ある種の演劇空間が醸《かも》し出されたのである。

だが、若者の多くは彼らに賛同しなかった。参議院選挙の共同通信の出口調査によれば、十八、十九歳の比例代表投票先のトップは自民党の四〇％で、全世代平均の三八・二％より多かった。

世代別で比較すると、自民党に投票した十代は、二十代の四三・二％、三十代の四〇・九％に次ぐ三番目の多さで、中高年よりも自民党を支持している結果となった。ちなみに民進党への十代の投票は一九・二％で全世代の二〇・四％より低く、投票割合は七十代以上、六十代、五十代の順で多く、十代は五番目だった。

若い世代の投票行動が注目を集めたなかで、十代の多くは安倍政権を評価したといえる。

第四章

「新しい日本人」にとっての憲法観

国柄はどうあるべきかを国民の歴史慣習に委ねるイギリス

ここで安倍政権の政治日程に上がっている憲法改正について、私なりに少し考えてみる。

そもそも「憲法」とはいったい何か。『広辞苑』を引くと「憲法」は〈「constitution」国家存立の基本的条件を定めた根本法。国の統治権、根本的な機関、作用の大原則を定めた基礎法で、通常、他の法律・命令を以《もっ》て変更することを許さない国の最高法規とされる〉とある。

もともと日本には「constitution」に相当する概念はなく、漢語として存在していた「憲法」（たとえば聖徳太子の十七条憲法）という語を、近代（明治期）において当てることが考えられ、これが定着したものだとされる。

憲法には「成文憲法」と「不文憲法」があり、前者は憲法が法文（文章形式）によって表されたもので、日本国憲法も、その前の大日本帝国憲法もこれに当たる。諸外国の憲法も多くが成文憲法である。

一方、憲法が文字・文章で表現されておらず、立法機関で制定されたのではない慣習・判例・条理などが法として認められたものが後者である。最も有名なのがイギリスで、「大憲章」「権利章典」「王位継承法」など、部分的に成文化されてはいるが、ひとつの憲法典としてまとまっているわけではない。

歴史的に見れば、統治の手段としての「法」は、もともと慣習法や判例法などの「不文法」として発達してきたが、近代になって立法機関による一定の手続きを経て「成文法」として制定されるようになった。

ちなみにその意味では、イギリスはいまも国柄はどうあるべきかという意識を国民の歴史慣習に委《ゆだ》ねている。歴史的に培《つちか》った〝常識〟や〝価値観〟を国民の規範にすればよいという考え方で、これが認識できていないと、二〇一六年六月にイギリスが国民投票で欧州連合（EU）からの離脱を決定した肝心な背景も理解できない。

「裁判」の在り方から少し説明してみよう。

裁判官の仕事は、ドイツでは「法の適用」だという。その適用する法はそもそもローマ帝国から来ているから、ドイツの裁判官はラテン語でローマ法を習い、それを法律としてゲルマン人に適用する。

ところが独立した島国で歴史が長いイギリスでは、裁判官の仕事は、「法の発見」だという。イギリス人はお互いに一千年間、ともに暮らしている。その慣習の心の中に自然法が潜《ひそ》んでいる。その自然法を発見して裁けば、争っている当事者双方が納得する。

だから裁判官の仕事は法律書を読むことではなく、常識（コモンセンス）が豊かであることが大事だとされる。争う二人に対して、「我が国は昔からこうやってきた」「これでいいではないか」という〝法の発見〟が共通了解になっているから、イギリスの裁判はほとんど即断即決で、民事は判事一人で一日十件くらい裁いてしまうらしい。

日本国憲法は単なる「戦後体制」のスローガン

日本の長い歴史を眺め直し、それが培《つちか》ってきた日本人の常識や慣習を思い起こせば、日本には必ずしも「憲法」は要らないのではないかと私は考えている。

プロイセン憲法を参考に伊藤博文や井上毅《こわし》らが起草したものが戦前までの大日本帝国憲法だが、これは明治初期の近代化・西欧化という時代の要請に、大急ぎで「近代国家」としての体裁を整える必要に迫られての憲法だったと言ってよい。

「憲法」は要らないと私が言うのは、文字や文章にわざわざ表して制定しなくとも、もともと日本人には歴史に培われた日本人としての規範があったはずだと思うからである。

それをまずはっきりと自己のうちに見出すことが大切で、そうした根本における自意識が、戦後の日本人には著しく欠けている。日本人の歴史慣習や伝統に合わないものならば、それは日本という国の憲法にはふさわしくない。それだけのことである。

日本国憲法の出自《しゆつじ》については多くの国民が周知である。学校秀才はともかく、大方の庶民は日本国憲法が日本人のこころ、国柄に合っていないことに気づいている。

国民主権、平和主義（戦争の放棄）、基本的人権の尊重といった人類の理想がいくら並べられても、これは偽善的なもので、本来の日本人のこころ、国柄を反映したものではなく、占領軍が日本人を制御するために着せた、ある種の拘束具《こうそくぐ》だとわかっている。それを脱ぎ捨てることを宣言すれば、旧戦勝国が警戒するとわかっているから自制している。

極端に聞こえるかもしれないが、日本国憲法は単なる「戦後体制」のスローガンである。スローガンの心酔者はたくさんいて、彼らは「憲法を守れ」と声高に叫ぶが、それが戦後の日本をどれほど貶《おとし》めてきたかに気づくことはない。

そのことに気づいている「新しい日本人」は、憲法が事実上無視されることがあっても、そもそも守るべき必要があるとは思っていないから、憲法以前の日本人の常識や価値観でモノを考えている。

日本国憲法第九条〈戦争の放棄、軍備及び交戦権の否認〉を、その文言《もんごん》どおり厳密に受け止めるとすれば、第二項にある「陸海空軍その他の戦力は、これを保持しない。国の交戦権は、これを認めない」という〝制約〟を、今の日本が守っているとは言いがたい。

いくら軍隊を自衛隊と言い換えたところで、軍備であることに変わりはないし、国民は、「有事」の際には自衛隊がちゃんと機能することを暗黙にも信じている。それは平成二十七年の安全保障関連法案を「違憲」と訴えた学者たちも変わらないはずだと思う。

「武力による威嚇《いかく》又は武力の行使は、国際紛争を解決する手段としては、永久にこれを放棄する」のだとしても、「自衛権まで否定しているわけではない」などという条文解釈を政府が繰り返す前に、実は国民にはわかりきったことである。日本人は憲法の条文違反を承知している。と同時に、それが憲法以前の日本人の常識にはなんら反しないとわかっている。いったい誰が自らを守る権利を一方的に封ずることを了《りよう》とするか。

憲法を改正してこうした矛盾を正そうという動きが出てくることは、スローガンに心酔しないかぎり当然である。しかも日本国憲法のスローガンは日本人が望んだものではない。大東亜戦争に敗北した日本が、二度と米国の脅威とならないように、国際社会で名誉ある地位を占めることがないようにとGHQによってプログラムされた〝洗脳〟手段である。いつまで自ら拘束具を着つづけるのか。

たしかに、我が国の周辺国が、憲法前文にある〈平和を愛する諸国民〉ばかりであれば、その〈公正と信義に信頼して、われらの安全と生存を保持しよう〉とすることも可能かもしれない。だが繰り返すが、そのような実態はないのである。

〈われらは、いづれの国家も、自国のことのみに専念して他国を無視してはならないのであって、政治道徳の法則は、普遍的なものであり、この法則に従うことは、自国の主権を維持し、他国と対等関係に立とうとする各国の責務であると信ずる〉という文節も、いったい、どこの国の目的を語っているのかわからない。

文章から見ただけでも、日本国憲法は日本人のものではないことがわかる。「普遍的な人類」に向かって日本人が溶《と》けてなくなっていくのならともかく、それを望む日本人がどれほどいるだろう。日本人の心根からは遠く、矛盾や齟齬《そご》を抱えた日本国憲法を日本人は守る気がない。守る気がないのならば廃棄してしまうのがよい。「日本国憲法は廃棄します」と国会決議をすればよい。

国会決議とは、衆議院または参議院が国権の最高機関として国政上必要とされる事柄に関して出す決議であるとされる。法律とは別に本会議で可決されるものだが、政府声明と同じく法的拘束力を伴わない。

法的拘束力を伴わない決議に何の実効力があるのかと言われそうだが、〝国是〟といっている「非核三原則」も、「歴史を教訓に平和への決意を新たにする決議」(不戦決議)も、この国会決議による。ならば「廃憲」のための決議がなされてもよい。

長い歴史の中で培った慣習や常識に照らせばよい

「新しい日本人」にとっての憲法観はどうあったらよいか。歴史的に見れば日本という国は、そのときの日本人の意志でいかようにも憲法以下の法体系を運用し、純粋に法的な手続きよりも上位の概念で事を決めてきた。

それで何か不都合があったか。

厳格な憲法学者やスローガンの心酔者には許しがたいことだろうし、日本の国柄をきちんと反映した憲法をつくりたいと考えている人たちにとっても、こうした意見は乱暴に映るだろう。しかし、私は日本という国の本質について述べている。

日本人が長い歴史の中で培った慣習や常識に照らせばよい。日本はこれまでも「超法規的措置《そち》」を行ったことがある。

超法規的措置とは、国家が規定した法の範囲を国家それ自体が超えて行う特別な行為のことだが、憲法にもどこにも、その行為の法的根拠はない。それを行う主体は行政だが、国会による事後承認や裁判所による判断の手続きも規定されていない。概念だけで運用されてきた。

昭和五十二年（一九七七年）のダッカ日航機ハイジャック事件で、福田赳夫《たけお》首相（当時）が犯人グループの要求に応じ、「人命は地球よりも重い」と述べ、身代金の支払いと服役中の犯人グループの仲間を引き渡した事例は、超法規的措置である。

あるいは、こういう事例は、どう考えるか。日本国憲法は国民に等しくその生命と財産を守ることを謳《うた》っているが、たとえば自衛官は入隊時にこう宣誓する。

〈事に臨んでは危険を顧みず、身をもつて責務の完遂《かんすい》に務め、もつて国民の負託にこたえることを誓います〉

つまり自衛官は、事と次第によっては自己の生命財産を投げ出して国民に尽くすことを求められる。

先にペルシャ湾に派遣された海上自衛官の奮闘について述べたが、東日本大震災で示されたように、警察官や消防士も同様である。憲法に認められた個人の権利を放棄して同胞に尽くすことを求められ、それに応じる人々が存在することは憲法の矛盾ではないのか。

昭和六十一年（一九八六年）に起きた伊豆大島・三原山の噴火で、当時の中曽根康弘首相は全島民に避難命令を出した。中曽根氏は、避難が間に合わないことがあってはならないと、いっときの内閣法違反、憲法違反を承知で、全島民避難のための艦船派遣を決断し、実施させた。しかも中曽根首相は島民の避難が完了するまでは残れと言って、町長や警察署長ら数人を島に残した。いずれも超法規的措置といってよい。

国会決議を経た「非核三原則」を〝国是〟という政治家やメディアは多いが、それならば横須賀に入港している米海軍の艦船の装備を見てみたらどうか。

実態として、米軍によって日本に持ち込まれている核によって、日本は不十分ながら核抑止力を持ち得ていることは、国民のほうが知っている。自衛のための核保有は憲法上禁止されていないと従来から政府答弁にもあるが、国是であるはずの「非核三原則」が守られていないことを非難する国民は少ない。

運動家はいざ知らず、ここでも庶民は融通無碍《ゆうずうむげ》である。

日本人が英語を主体に考えると「知」が劣化する

日本人の大きな特質がその融通無碍なところにあるとすれば、憲法を成文化するに当たっての言葉の問題についても指摘しておこう。

日本国憲法が事実上、GHQによる草案（英文）を邦訳したものである以上、そこに並んでいる言葉は日本人の精神やこころを反映していない。日本人はいかなる価値観を持ち、日本はどのような国家として歩んでいくかを示す意味から憲法を考えた場合、対外的な問題を意識した「説明しやすさ」は不要である。

まず、日本人同士に、「説明しやすさ」は要らない。日本語で率直に語れば通じるもののはずである。英文や漢文を意識するから、逆に彼らの価値観に引き込まれて自らを失う。

安倍首相は、日本を「美しい国」にしたいと語ったが、憲法の前文に我が国のあるべき姿を記すとき、私なら「安らぎの国」とか「思いやりの国」といった言葉を入れる。あるいは「潔《いさぎよ》い国」と。

英語圏で理解されるかどうかなどということは考慮する必要はない。日本が成文憲法を持つならば、「日本語の力」というものを意識する必要がある。

私の経験から言えば、日本人が英語を主体にモノを考えはじめると「知」が劣化する。これは日本語にあって英語にはない単語やニュアンスがたくさんあるからかもしれない。

アメリカ人を相手に講演するとき、通訳つきでも話がなかなか伝わらなくてくたびれるのは、根本的に文明や文化、思想が違うからである。そのなかでアメリカ人にわかることだけを伝えようとして、彼らの言葉で考えると、ものすごく程度が下がってしまう。

かつて米大統領選挙で共和党のブッシュ・ジュニアと民主党のアル・ゴアが争って裁判所

にまで持ち込まれることがあった。私はそれを見て、「そんなことをするのは民主主義の恥、アメリカの恥であって『どちらかが潔くしたらどうか』という話は米国内で出ないのか」と外務省の元駐米大使同席の機会に話したことがある。

すると、「私もそう思うが、英語には『潔い』という言葉がない。助言したいが、できない」と言われたので苦笑したことがある。そこで日本語ができる外国人や日本人の英語教師らの顔を見るたびに、「『潔い』という英語はありますか」と聞いたのだが、みんな「ぴったりくる言葉はない」という答えだった。

Nobleでも、gracefulでもない。上智大学名誉教授の渡部昇一氏が、「Manlyという古い言葉がそれに近い」と教えてくれた。ヨーロッパには「潔い」という感覚が少しはあるのだろう。長い歴史によって生まれる感覚である。アメリカはまだ二百四十年しか歴史がないから、敗者は敗者、退場するだけであって、それを飾る言葉がない。言葉がないということは概念がないということである。

ただでさえ、英語による思考は二分法になりやすい。白か黒である。もともと契約のために発達した言語だから仕方ないが、対象となる社会現象や自然現象は、たいていアナログである。アナログをデジタルで表現すると、グレーゾーンを切り捨てることになる。洋裁で言えば、布地の截《た》ち屑《くず》がたくさん出るようなもので、日本語はその截ち屑を掬《すく》い上げる微妙なニュアンスが豊富である。

日本人の憲法を成文化するならば、きちんと日本語で考えられ、日本語で書かれるべきだと思う。それでは外の世界に説明できない、理解されないというのは、他者に寄り添うことが習い性《しょう》となっている証左《しょうさ》である。彼らに考えさせればよい。

日本に関心を持ち、日本と付き合いたいと思えば、彼らのほうが勝手に学ぶ。大事なことは、彼らがそう思うような力のある日本、魅力のある日本でありつづけることではないか。

実は、日本は大日本帝国憲法を制定した明治時代から、自らの生存と独立のために日本の特質を削《けず》り取るという自己矛盾の世界に生きてきた。言葉も、概念も、自らを守るために自らを削り、他者のそれを取り込むということをやってきたのである。

「文明開化」と呼ばれたものが、それである。日本の近代化は、その過程だった。

憲法もまたその例外ではなく、明治憲法の制定に当たって、それ以前の日本の伝統を汲《く》む努力がなされたことはたしかだが、それでも成文憲法を持ち、西欧型の近代国家に並ぶということが、いつしか生存と独立の手段としてではなく、目的化し、さらには外国に合わせることを自慢するような日本人まで出てくるようになった。

「新しい日本人」は「夷《い》を以《もっ》て夷を制す」ということと、「夷によって夷に寄り添う」ことの違いを理解しなければならない。そして、その苦悩を引き受ける必要がある。

しかし、苦悩はやがて日本の常識や価値観が世界に伝わるにつれ、軽減されてくる。逆に世界が日本化してくる時代の到来まで辛抱することが大事である。時間はかかったが、その時代の足音ははっきりと聞こえている。

「地球人類の理想」より「気概を持ったローカリズム」を

日本国憲法は、戦前と戦後の歴史的紐帯《ちゅうたい》を断ち切られている。米国に次ぐ「民主主義の実験国」を建設することを日本国民に強《し》いたものといえる。

いささか極端に聞こえるかもしれないが、その本質を「言葉」から見れば、日本語ではなく英語でモノを考える日本人をつくることである。七十年余を経て、それは「世界標準」とか「グローバル・スタンダード」といった言葉で日本人に浸透し、アメリカ主導の価値観を普遍性と見なし、それに日本という国が従属していくことを求められる過程を示してもいる。

同時にそれは、日本が本来持っていた独自性や可能性を今後も自ら制約し、未来を閉じることにもなりかねない。憲法改正論議は結構だが、ともすれば日本の特質や独立の視点を置き忘れ、ただ単に英米と同じような民主主義国になるべきだという方向に傾きがちなことには、私は異なった視点を示しておきたい。

司馬遼太郎氏の『世に棲む日日』は、幕末長州の吉田松陰や高杉晋作、井上聞多（馨）らの青春群像を描いた作品だが、その中に興味深い話が出てくる。

長州藩は馬関戦争で英仏米蘭の四カ国艦隊と戦い、その講和のためイギリスのクーパー提督のもとに高杉晋作を送る。クーパーは彦島を賠償《ばいしよう》の抵当として租借《そしやく》したいと言い出すが、支那の上海がすでに西欧の港市になり、支那人が奴僕《ぬぼく》以下に扱われていることを知っている高杉は断固としてそれを退《しりぞ》けようとする。

司馬氏の筆を借りれば、こうである。

高杉は〈それはならぬ〉と言うかわりに、〈気が狂ったように象徴的な大演技をはじめ〉、〈大演説をした。しかもその言葉は、アーネスト・サトーという語学的天才をもってしても通訳しかねる日本語〉で、〈古事記・日本書紀の講釈をはじめたのである。「そもそも日本国なるは」と、晋作は朗々《ろうろう》とやりだした。「高天ガ原よりはじまる。はじめ国常立命《くにのとこたちのみこと》ましまし、つづいてイザナギ・イザナミなる二柱の神現れ……（略）」とやり、つづいて天照皇大神《あまてらすおおみかみ》の代になり、天孫ニニギノミコトへ神勅をくだしてのたまわく、と説き、その神勅を披瀝《ひろう》し、えんえんとして晋作の舌はとどまるところがない。長州藩も四カ国側も、ぼう然としている。晋作はできれば、これを二日間ほどやり、そのあげく日本は一島たりとも割譲《かつじよう》できない、というつもりであった。

が、クーパーのほうが折れて出た。「私は、租借のことは撤回したい」と、クーパーはいった。晋作の象徴的大演技は、ようやく終わった〉

〈アーネスト・サトーという語学的天才をもってしても通訳しかねる日本語〉でよいのである。司馬氏は、伊藤博文が後年、初代統監として朝鮮半島に渡る途次、船上から彦島を見てかたわらの者に、〈あのときもし高杉がうやむやにしてしまわなかったなら、この彦島は香港になり、下関は九竜島になっていたであろう。おもえば高杉というのは奇妙な男であった〉と語ったと、その章を結んでいる。

司馬氏の創作がどこまで入っているか知らないが、これは日本人の力を考えるうえで示唆《しさ》に富む話である。

英語はできなくともよい。日本が自らを守るのに何がより必要であるかを示している。

われわれは「奇妙」でよい。この時代、帝国主義がグローバル・スタンダードで、それに従えば租借を呑《の》むしかない。だがそれに抗《あらが》う高杉の奇妙さが、むしろクーパーに対して主張を通させた。これを現代に置き換えれば、普遍主義の亡者《もうじゃ》になってはいけないということである。気概を持ったローカリズムでよい。

そして一国の憲法とは、普遍的な地球人類の理想を追求するものである必要はなく、そこに暮らす人間のローカリズムに根ざした価値観、歴史的な慣習や常識に照らしてつくればよい。そこに立ち返ったとき、日本は自らを守る力を持つと同時に、もっと自由で豊かな国になれると私は思っている。

なぜスイスは第二次世界大戦中も中立を守れたか

日本が国家として独立性、自立性を高めようとすると、「日本は再び軍国主義へと向かうのか」などと質問してくる外国の記者がいる。そんなとき、私はこう答えるようにしている。

「それは、あなたたち次第です。日本は、相手が紳士的に振る舞う国であれば紳士的に付き合う。もし野蛮な、理不尽なことを積み重ねてくるようならば、こちらもそれに応じて変化する。日本の軍国主義化を心配するというのは、あなたがたが日本に対して理不尽なことをしているという自覚があるからではないのですか」

戦う覚悟と準備を持つことは必要である。それを発動するかどうかは相手と国際情勢による。覚悟と準備という視点から見れば、永世中立を宣言しているスイスは、平和愛好国のイメージから日本人には意外かもしれないが、「国民皆兵」を国是とし、徴兵制を採用している。

スイスは、なぜ第二次世界大戦中でも中立を守り通せたのか。

スイスは緊迫する情勢下、自国民に対して「侵略を受けたときは徹底して戦い、絶対に降伏してはならない」という法律を制定した。さらに開戦までにフランスやドイツから戦闘機を大量に購入し、またライセンス生産して航空戦力を強化した。

そして開戦と同時にスイスは国際社会に対して「武装中立」を宣言、侵略者に対しては「焦土作戦」で臨むことを決める。領土に侵入してくる他国の軍隊に対しては徹底的に戦い、領空を侵犯する航空機は連合国、枢軸国《すうじくこく》を問わず撃墜する。

こうしてスイス政府は最大で八十五万の国民を動員し、スイス空軍は自ら約二百機を失いながら、連合国側・枢軸国側を問わず領空侵犯機を迎撃し、強制着陸させたり撃墜したりした。欧州全土が戦火に焼かれたあの戦争で、スイスはその国土を「実力」によって、戦うことによって守り抜いた。

軍隊を持つことは、戦争に対する最も有効な抑止力であり、戦争を仕掛ける準備だから保持しないと考えるのは幼稚でしかない。平和維持にはそれだけの覚悟と労力がいることを、彼らは理解していた。

この歴史を持つスイスは、いまでも『民間防衛』(邦訳・原書房)という手引書を国内の全家庭に配布し、武器の備えと一定期間の軍事訓練を国民に課している。

『民間防衛』の〈まえがき〉でスイス連邦法務警察長官は、こう国民に語りかけている。戦後の日本人にとっては驚きであろう。

〈国土の防衛は、わがスイスに昔から伝わっている伝統であり、わが連邦の存在そのものにかかわるものです。そのため、武器をとり得るすべての国民によって組織され、近代戦用に装備された強力な軍のみが、侵略者の意図をくじき得るのであり、これによって、われわれにとって最も大きな財産である自由と独立が保障されるのです。（略）

われわれの最も大きな基本的財産は、自由と独立です。これを守るために、われわれは、すべての民間の力と軍事力を一つに合わせねばなりません。しかし、このような侵略に対する抵抗の力というものは、即席にできるものではありません。（略）

われわれは、脅威に、いま、直面しているわけではありません。この本は危急《ききゅう》を告げるものではありません。しかしながら、国民に対して、責任を持つ政府当局の義務は、最悪の事態を予測し、準備することです。軍は、背後の国民の士気がぐらついていては頑張ることができません。（略）

一方、戦争は武器だけで行われるものではなくなりました。戦争は心理的なものになりました。作戦実施のずっと以前から行われる陰険《いんけん》で周到な宣伝は、国民の抵抗意志をくじくことができます。精神――心がくじけたときに、腕力があったとて何の役に立つでしょうか。反対に、全国民が、決意を固めた指導者のまわりに団結したとき、だれが彼らを屈服させることができましょうか。

民間国土防衛は、まず意識に目ざめることから始まります。われわれは生き抜くことを望むのかどうか。――国土の防衛は、もはや軍にだけ頼るわけにはいきません。（後略）〉

これが国防における現実感覚である。

スイス国民の平和を守るための覚悟、努力、負担、気迫

『民間防衛』の訳者が〈あとがき〉で述べるように、戦後の日本人が思い浮かべるスイスのイメージは、美しいアルプスを見上げる牧場であり、羊飼いの少年少女の恋物語であり、そして何より戦乱の歴史を繰り拡げてきたヨーロッパにおいて、百五十年以上にわたって平和を享受《きょうじゅ》してきた国である。

そして、このイメージ自体は必ずしも誤りではない。『アルプスの少女ハイジ』の世界は、

たしかにある。

しかし、戦後の日本人がこの平和愛好国スイスを語るとき、なぜかスイス国民の平和を守るための覚悟と努力、国民一人ひとりの大変な負担とこれに耐えぬく気迫という現実には目をつぶり、ともすれば、かかる努力によってはじめて開花した平和という美しい花にのみ気をとられてきた。

言葉を換えれば、「話して、遊んで、酒を酌み交わし、もっともっと仲良くなってやります」「抑止力に武力なんて必要ない。絆が抑止力なんだって証明してやります」などと語るSEALDsの若者の感覚と同じである。現実認識が欠落し、「美しい花」にのみ気をとられている。なぜ美しい花が咲き誇れているのか、その弛《たゆ》まぬ努力、苦労に思い至らない。

平成二十七年の安全保障法制論議の際に叫ばれた「戦争法案反対！」という空疎《くうそ》なスローガンに共鳴するスイス国民はいないだろう。

私たちには、現実を受け止める力が本当にあるか。何がより肝心なことなのかという判断ができるか――「新しい日本人」とは何かのカギの一つがこれである。

「掛け布団」の若者も「敷布団」の高齢者も、彼らは大東亜戦争を侵略戦争と決めつけたうえで、日本がまたきっと侵略戦争を起こすに違いないと思い込んでいるのではないか。

したがって、日本は反省と謝罪を繰り返し、この列島に縮《ちぢ》こまっているほうがいい、それで世界の平和は保たれる、安保法制などとんでもない——となる。彼らには中国の核も、北朝鮮の核も見えていない。

たとえ国を守る目的であっても軍隊は不要、憲法九条があれば平和を維持できると主張する人たちが、日本国憲法前文のように、隣人の公正と信義に信頼して自宅玄関のカギをかけないで寝ているか、警備会社と契約していないかといえば、そんなことはあるまい。百田尚樹氏が「かりに外国の軍隊が攻めてくることがあったら、最前線に立って憲法九条を唱えながら侵攻を押し止めてもらいたい」と彼らを揶揄《やゆ》するのは、むべなるかなである。

日本は他国を侵略しない。しかし、他国に日本の国土と国民の命が脅《おびや》かされたときは自衛のために断固戦う。

少なくとも、戦う権利を放棄しないという姿勢を打ち出すことがなぜ危険なのか。これが危険なら、スイスも平和愛好国ではなく危険な国家ということになる。結局、彼らは「我が国」を愛していない、信じていないのだろう。

「新しい日本人」とは対極に位置する、それこそ「反知性主義」を体現している人たちである。

第五章

日本の「ストーリーの力」を体現する安倍首相

戦後日本政治の萎縮した意識に風穴を開けた「地球儀外交」

安倍晋三氏が「日本に生まれた日本人がこの島に生まれたことに幸せを感じ、子供たちが誇りに思える日本」を取り戻すと訴え、二度目の総理大臣の座に就いて四年が過ぎようとしている。この間《かん》、外交では「地球儀外交」を展開し、内政では「アベノミクス」によるデフレーションからの脱却をめざしてきた。

安倍氏は第一次政権時代から、日本が主体的判断をもって国際社会に参加し、その秩序や価値観形成に影響力を行使し得ることを示そうとし、「対外摩擦の回避が第一で、自己主張は第二」という戦後日本政治の萎縮《いしゅく》した意識に風穴を開けた。

たとえば二〇〇七年六月、ドイツのハイリゲンダムで開催された主要国（G8）首脳会議で、議長国ドイツのメルケル首相が安倍首相に、中国のG8正式加盟問題について日本の立場を質《ただ》したのに対し、安倍首相は「日本は認めない」と答えた。メルケル首相はそれに同意し、アメリカからも異論は出なかった。

安倍首相は「NO」の理由として、中国の軍事費が不透明かつ十九年連続で二桁の伸びを示していること、中国がスーダン西部のダルフールでの民間組織による住民の大量虐殺を黙認し、スーダン政府を支援していること、そもそも中国が多くの国際ルールを遵守《じゅんしゅ》していないことなどを強調し、それに米独は納得した。これはルールと価値観を用いた安倍氏の優位戦思考の勝利である。

この話には続きがある。

メルケル首相はこのあと中国を訪問したが、それは「G8に加盟できなかったことを悪く思わないでほしい」という釈明のためだった。訪中前にメルケル首相は電話で安倍首相に北京訪問を伝えてきた。安倍首相はすぐに訪中の意図を見抜き、「反対はしません。しかし訪問先は北京だけにしてください。南京の抗日記念館を訪れ、その後、東京にお出《い》でになるというのは日本として受け入れられません」と釘を刺した。メルケル首相は安倍首相の申し入れを受け入れて北京に発ったのである。

その二カ月後、安倍氏はインドを訪問し、東京裁判でインド代表として判事を務めたパール判事の長男プロシャント・パール氏と面会している。パール判事は、戦勝国が事後法により敗戦国を裁くことに重大な疑義を呈し、「日本人被告全員の無罪」を主張した国際法の権威である。

安倍首相は「パール判事は多くの日本人から今も変わらぬ尊敬を集めている」と語りかけた。これは安倍氏自身の歴史観を日本国民に伝えるとともに、A級戦犯の合祀《ごうし》を理由に首相の靖国神社参拝を批判する中国と、それとは異なるインドの姿勢を対照させることで、アジアには多様な歴史認識が存在することを浮き彫りにする狙いがあった。

フランスのAFP通信によれば、プロシャント氏は安倍氏との会談について、「非常に喜ばしいこと。父の公正な判断が人々の記憶にとどまっていてくれることを誇りに思う」と語った。それだけでなく、「戦争の片方の当事者のみを戦争犯罪で裁くことが可能だとは思わない」と述べたという。

安倍首相は同日、チャンドラ・ボース記念館を訪れ、ボースの遺族にも会っている。「英国統治からの独立運動を主導したボース氏の強い意志に、多くの日本人が深く感動している」と語ると、ボースの姪《めい》にあたるクリシュナ・ボースは、「日本の人々がボースの活躍を覚えていてくれるのなら、私たちインド人も、ボースが英国の植民地支配に抵抗するためにインド国民軍を組織したことを支援したのが、日本だったことを思い出すべきだ」と答えた。

安倍首相は、こうした日印の歴史的関係について、アジア諸国だけでなく世界に向けて発信を企図《きと》していたのである。ところが、日本にとって優位戦のための環境づくりという安倍首相の遠謀深慮《えんぼうしんりよ》は、日本ではほとんど報じられなかった。

安倍氏は第二次政権の本格始動となった平成二十五年二月の施政方針演説でこう語った。

〈「強い日本」。それを創るのは、他のだれでもありません。私たち自身です。「一身独立して一国独立する」。私たち自身が、誰かに寄り掛かる心を捨て、それぞれの持ち場で、自ら運命を切り拓こうという意志を持たない限り、私たちの未来は開けません〉

「受け身」から「攻め」への転換

ここで安倍首相の「地球儀外交」を点描してみよう。

首相就任直後に安倍氏は、プラハに本拠を置く有力な国際NPO団体「プロジェクトシンジケート」のウェブサイトに英語論文「アジアの民主的安全保障ダイヤモンド」構想を寄稿した。日本とオーストラリア、インド、米国（ハワイ）がダイヤモンドの形に安全保障網を形成する構想で、中国について、海上交通路が通る南シナ海を「北京《ペキン》の湖」として影響力を増していると指摘し、インド洋と西太平洋の海洋安全保障を目的とした日米豪印の協力強化を訴えた。

この安全保障ダイヤモンドは、一般に中国包囲網のように解釈されたが、安倍首相の構想はもっと大きく、イギリスやフランスがアジアに戻ることを歓迎すると述べ、彼らが成長著しいアジアに、アジア諸国と対等な立場で戻ることは、停滞期にある欧州諸国にとって望ましいとして、欧州とアジア相互に利益をもたらす主宰者として日本を位置づけた。

安倍首相は明確に、戦後日本の習い性だった「受け身」から、自ら世界に働きかける「攻め」の政治への転換をめざした。「積極的平和主義」は、それを表現として洗練したものである。

安倍首相はそれを推進するために就任直後から世界を駆け巡り、平成二十八年六月までのあいだにベトナム、タイ、インドネシアを皮切りに東南アジア諸国連合（ＡＳＥＡＮ）の全十カ国、アメリカ、モンゴル、ロシア、トルコ、ミャンマーなど六十三の国と地域を訪問している。

外遊のハイライトのひとつが、二〇一三年九月にブエノスアイレスで開かれた二〇二〇年夏季オリンピックの開催都市を決める国際オリンピック委員会（ＩＯＣ）総会での最終プレゼンテーションでのスピーチだった。

安倍首相は同年六月に横浜で開催したアフリカ開発会議で、「かつてアフリカ勃興《ぼっこう》を世に知らしめる舞台となった東京五輪が再び開けますよう支持をお願いする」と訴えるなど、最終プレゼンテーションまでに周到な準備をしたが、八月中旬に持ち上がった東京電力福島第一原発の汚染水漏れを機に、海外メディアが不安を大きく報じ、優勢と伝えられていた情勢は厳しくなっていた。

だが、七人目のプレゼンターとして登場した安倍首相は、自らの言葉の力と存在で見事に挽回《ばんかい》した。

「福島についてご心配な方々に、私から保証いたします。私たちは決して東京にダメージを与えません」

日本の「意志」を示し、日本の名誉と国益を守る

当初は原発問題に触れない予定だったが、安倍首相が自ら言及することを決め、逆にIOC委員の東京開催への不安を消し去ったのである。

年明け後の平成二十六年一月にはインドを訪問し、歓迎を受けた。インドの共和国記念日の式典に合わせたもので、シン首相（当時）とともに軍事パレードを観閲した。

毎年、各国首脳から一人が主賓に選ばれる式典に日本の首相が招かれたのは初めてで、緊密な関係が世界に印象づけられた。首脳会談では海上自衛隊とインド海軍の共同訓練の継続が確認され、安倍首相の「積極的平和主義」にインドも賛同することが示された。

このインド訪問で安倍首相は、東南アジア諸国連合（ASEAN）十カ国、中東の湾岸協

力会議（GCC）六カ国と合わせ、シーレーン（海上交通路）沿岸国のすべてを回った。

各国がともに、安倍首相の提唱するシーレーンの安全確保と海洋における法の支配の重要性を確認したことは、単に中国包囲網にとどまるものではなく、「アジアの民主的安全保障ダイヤモンド」の形成につながるもので、さらに言えば、かつての大東亜共栄圏の理念にもつながってくる。

前年（平成二十五年）末に靖国神社を参拝した安倍首相に、そのためにどんな「準備」をしたのかと新聞は非難したが、「地球儀外交」の意味とその実践についてメディアはまったく理解できず、「日本の意志」を示し、日本の名誉と国益を守ろうとする安倍首相を、旧態依然の視点から叩いたのである。

「地球儀外交」の成果の一端を挙げれば、二〇一四年二月、当時のフィリピンのアキノ大統領が、「ニューヨーク・タイムズ（電子版）」のインタビューで、中国を「第二次世界大戦前のヒトラー」とはっきり批判したことがある。

アキノ氏は、「過《あやま》ちだと信じていることをそのまま認めてしまえば、中国の誤った意思が一線を越えかねない。世界は中国に『いい加減にしろ』と言うべきだ」と語り、そのうえで、一九三八年のミュンヘン会談で、当時のチェコスロバキアのズデーテン地方が、ドイツ系住民が多数を占めていることを理由にドイツへの帰属を主張したヒトラーの要求を英仏が受け入れ、割譲されたことを引き合いに、中国との宥和《ゆうわ》策の危険性を訴えた。

フィリピンはスカボロー礁《しょう》を二〇一二年に中国に〝実効支配〟されてから、たびたび抗議し、国連海洋法条約に基づいて国際仲裁裁判所に中国を提訴していたが、その結果は、南シナ海における中国の主権主張は認められないというものだった。

アキノ氏の一見強気な発言の背後にあったのは、安倍首相の「地球儀外交」である。

日本は前年（二〇一三年）にフィリピンの海上警備力増強に協力するために巡視船十隻を供与することを表明し、より緊密な協力関係を謳《うた》って中国を牽制《けんせい》していた。日本のマスメディアはこうした安倍首相の動きと、東アジアの〝嫌中〟感情をはっきり伝えない。

フィリピンはその後、大統領がドゥテルテ氏に代わり、中国と日本を天秤《てんびん》にかけた格好の外交を始めたが、それについてはあとで述べることにする。

「歴史の総体としての日本」を取り戻す

安倍首相の「地球儀外交」を眺めると、氏の祖父である岸信介の首相就任後の外遊と同じ発想であることがわかる。

昭和三十年（一九五五年）、安倍晋三氏の祖父である岸信介は、保守合同で誕生した自由民主党初代幹事長となった。昭和三十一年（一九五六年）、石橋湛山《たんざん》内閣の外相を務め、昭和三十二年（一九五七年）二月、石橋首相の病気辞任を受けて首相となる。同年五月二十日、岸は閣議で「国防の基本方針」を決定すると、その足で東南アジア歴訪の旅に出発した。いずれも訪米のための布石だった。

今日《こんにち》では、首相のアジア歴訪は普通のことになったが、それを始めたのは岸である。大東亜戦争中、東條英機がクアラルンプールを訪問した例はあるが、岸の訪問国は、ビルマ（現・ミャンマー）やインドネシア、インド、パキスタンといった大戦の結果として独立を果たした国々、戦時の同盟国だったタイ、反対に、フィリピンやオーストラリアのような反日感情が強い国等々、前後期合わせて十五カ国にも及んだ。

これらの国を訪れることによって、再びアジアの盟主としての日本の立場を再構築することが岸の狙いだった。

同時にそれは、第二次世界大戦を経て世界の超大国になり、日本の戦後をコントロールするアメリカに対し、日本の独立性と、アジアをマネージするには日本は無視できない存在であることを力強く示す意味があった。

こうした祖父の軌跡《きせき》を安倍氏が知らぬはずはない。安倍氏は祖父の衣鉢《いはつ》を継いで、日本にふさわしい輪郭を国家に与えるべく「地球儀外交」を展開している。

父祖の遺志を確認し、戦前の日本の歩みに連帯感を抱く国々、地域への〝墓参〟と、次代を見据えた挨拶を続けていると言ってもよい。ここには単なる中国包囲網の形成を超えた深い意味がある。

安倍首相に見られるのは、時間軸を含めて全体的に見通したストーリーを政治の中に取り込んでいることである。

ストーリー（物語）の語源は、ラテン語の「ヒストリア」で、「時間軸によって並べられた出来事」を意味する。英語のヒストリーも同様である。

安倍氏が民主党から政権を奪還するときに掲げたのは「日本を、取り戻す。」だったが、日本を取り戻そうと言われたとき、それが何を意味するのかわからないのは机上の秀才にすぎない。

マスコミ人士や学者、官僚は「アメリカでは」「イギリスでは」といった、学校で学んだ各論は得意だが、「日本を、取り戻す。」といった総論や全体のイメージを示す言葉の意味がわからない。

これは私の推測だが、安倍首相のイメージは「歴史の総体としての日本」を取り戻すことで、「地球儀外交」には、そのためのストーリーが重なり合っている。

戦争や紛争における「和解」の可能性を想起させた

安倍首相がストーリーの力を大きく発揮したのが、平成二十七年四月二十九日にアメリカの上下両院合同会議で「希望の同盟へ」と題して演説したことである。

上下両院の合同会議で日本の首相が演説するのは史上初で、安倍首相は日米安保体制を「希望の同盟」と名づけ、それを基に日米両国の未来に向けた協力を謳い上げるものだった。オバマ大統領も、安倍首相の演説前日の首脳会談後の共同記者会見で、日米は「地球的規模のパートナー」と語ったが、安倍、オバマ両首脳の発言は、中国の覇権《はけん》を認めないというメッセージにもなっていた。

日本のメディアの多くは、演説を同年の「戦後七十年談話」の先取りと見なして、相変わらず、過去への反省が足りないとか、中国への牽制に偏《かたよ》っているとか安倍首相を批判した。

『朝日新聞』は〈植民地支配や侵略の被害にあったり、過剰な負担を押しつけられたりしている側の人々に寄り添う姿勢がなければ、説得力は生まれない。（略）

先のアジア・アフリカ会議とあわせた首相の二つの演説では、歴史認識であつれきを生まないためのレトリックが目についた。戦後70年談話は、それでは通るまい〉（五月一日付社説）

と書き、『毎日新聞』も〈同盟を強化する動機が、台頭する中国をけん制することに偏り過ぎてはいけない。（略）

今回の米議会演説は戦後70年の首相談話の先取りとも言われてきた。両者は目的を異にするものだが、国内外の関心を集めている首相談話の作成にあたっては、より明確で賢明な歴史認識を示す必要がある〉（四月三十日付社説）と相変わらず、東京裁判史観に囚われた戦後体制の枠組みしか見ていない。

この点は、『読売新聞』も同様で、〈日米関係が主要テーマだったためか、首相は「侵略」や「お詫び」には言及しなかった。

しかし、今夏に発表される予定の戦後70年談話では、安倍首相の歴史観そのものが問われる。「侵略の定義は定まっていない」という立場のままでいいのか〉（五月一日付社説）と述べるように、戦前の国際政治の客観的な構図、世界史を俯瞰《ふかん》する視点を持たないまま、GHQのさまざまな手段によって刷り込まれた「自らを咎《とが》め続ける」意識に囚われたままである。

安倍首相はその意識を乗り越えつつ、戦争当事国の「和解」につなげたいと苦心した。安倍首相は、第二次世界大戦メモリアルを訪れたことに触れ、こう語った。

〈真珠湾、バターン・コレヒドール、珊瑚海《さんごかい》…、メモリアルに刻まれた戦場の名が心をよぎり、私はアメリカの若者の、失われた夢、未来を思いました。

歴史とは実に取り返しのつかない、苛烈《かれつ》なものです。私は深い悔悟《かいご》を胸に、しばしその場に立って、黙禱《もくとう》を捧げました。

親愛なる、友人の皆さん、日本国と、日本国民を代表し、先の戦争に斃《たお》れた米国の人々の魂に、深い一礼を捧げます。とこしえの、哀悼《あいとう》を捧げます〉

そして、

〈いまギャラリーに、ローレンス・スノーデン海兵隊中将がお座りです。70年前の2月、23歳の海兵隊大尉として中隊を率《ひき》い、硫黄島に上陸した方です。近年、中将は、硫黄島で開く日米合同の慰霊祭にしばしば参加してこられました。こう、仰《おつしや》っています。

「硫黄島には、勝利を祝うため行ったのではない、行っているのでもない。その厳《おごそ》かなる目的は、双方の戦死者を追悼し、栄誉を称えることだ」

もうおひとかた、中将の隣にいるのは、新藤義孝国会議員。かつて私の内閣で閣僚を務めた方ですが、この方のお祖父さんこそ、勇猛がいまに伝わる栗林忠道大将・硫黄島守備隊司令官でした。

これを歴史の奇跡と呼ばずして、何をそう呼ぶべきでしょう。熾烈《しれつ》に戦い合った敵は、心の紐帯《ちゆうたい》が結ぶ友になりました。スノーデン中将、和解の努力を尊く思います〉

この演説は、戦後処理とは何か。戦争や紛争における「和解」の可能性を世界の人々に想起させたという意味で、なかなか行き届いたメッセージだったと私は思う。

日本人が取り戻すべき「当たり前の感覚と判断」とは？

余談ながら、栗林忠道中将が米軍にどのように評価されていたか。敵将スミス中将の回顧録には、こう記されている。

〈われに驚くべき大損害を与えたのは栗林将軍であった。彼は一人十殺を訓示し、寸土たりとも敵に委してはならぬと兵を戒《いまし》めた。息絶えんとする日本の捕虜にただせば、彼らは申し合わせたように将軍栗林の偉大な統帥に心酔し、これを激賞してやまなかった。真に

名将と云わなければならない〉

安倍首相は、日米の「和解」の成果として、現在の日米同盟が、かつて敵味方として祖国のために死力を尽くして戦った者同士の強固な同盟であることを強調した。日米双方に和解の情が十分であるか、あるいは遺恨《いこん》や憎悪の残存について触れないのは、傷口に触れないということではなく、まさに日本人の「暗黙知」の発露《はつろ》である。

議場で演説を聴いた米議員の多くがそれを感じ取り、立ち上がって拍手した。安倍首相は、かつての敵を感涙させ、立ち上がらせたのである。

もちろん、あの戦争で米軍の空襲の下を経験している私は、現実は綺麗事ばかりではないことも知っている。リンドバーグが書き残したように、日本軍の捕虜を生きたまま輸送機から地上に放り出すような残虐行為も彼らにはあった。原爆投下もある。

だが、そもそも戦争や戦場というものは、人間の持つ多様な面、愚かさ、醜《みにく》さ、残酷さと同時に、ある種の気高《けだか》さや崇高《すうこう》さ、無私の精神が交錯する場である。だからこそ、その戦場における狂気の断罪も、善悪の審判も単純にはできない。

世界の歴史における大東亜戦争の意味は、東京裁判や戦勝国の言い分のみで語られるものではない。

新聞各紙の安倍批判は先に並べたとおりだが、誤解を恐れずに言えば、「痛みに寄り添え」とか、「侵略の事実を認め、お詫びしろ」とかの相変わらずの主張は、気分の問題でしかない。

先の大戦と戦前日本の歩みに関する外交関係の処理は、サンフランシスコ平和条約、日韓基本条約、日中共同声明と日中平和友好条約等々、手続き的には一部の国を除いて済んでいる。

「和解」とは、「争いをしている当事者が互いに譲歩しあって、その間《かん》の争いを止めることを約する契約」のことである。契約である以上、法的概念によって成り立つ。

したがって和解には、歴史的事実を重視する学問的態度、フェアな姿勢が必要となる。それは戦争に勝った側のみの政治的要求が無条件に認められるということであってはならない。

それは、「和解」ではない。「和解」の意味を知らず、あるいは、知っていてもそれを求める気のない相手にいくら謝罪や補償を重ねても、未来に繋がる関係構築にはならない。

日本人が取り戻すべきは、この当たり前の感覚と判断で、安倍首相の演説は、「ストーリーの力」によってこれをアメリカの議員たちとのあいだに共有してみせたのである。

伊勢神宮で各国首脳に「日本の神髄」を示す

それから約一年後、平成二十八年五月二十六日から二十七日にかけて安倍首相を議長として伊勢志摩サミット（主要国首脳会議）が開催された。アメリカのオバマ大統領、イギリスのキャメロン首相、ドイツのメルケル首相、フランスのオランド大統領、イタリアのレンツィ首相、カナダのトルドー首相が参加し、それにトゥスク欧州理事会常任議長（EU大統領）、ユンカー欧州委員会委員長も加わった。

会議は安倍首相の主導のもと、世界経済の新たな危機回避と持続的成長に向けた「先進七カ国（G7）伊勢志摩首脳宣言」を採択し、海洋安全保障では、中国の名指しは避けながらも東シナ海と南シナ海の状況への懸念《けねん》を共有することを表明、「自国の主張を通すために力や威圧を用いない」とする安倍首相が提唱した「法の支配三原則」を盛り込んだ。

世界経済については、財政出動に積極的な日本やカナダに対し、財政規律を重視するドイツや英国が慎重な姿勢をとったが、首脳宣言はG7版の「三本の矢」として金融政策、機動的な財政政策、構造改革の三つを再確認し、各国の状況に合わせながら、需要を強化するために可能なすべての政策手段を個別または総合的に用いることで合意した。

また北朝鮮に対しては、日本人拉致《らち》問題を含む国際社会の懸念《けねん》にただちに対処するよう強く求めた。核実験やミサイル発射などの挑発行動を行わないことを要求し、国際社会にも、国連安全保障理事会の制裁決議などの完全履行《りこう》を呼びかけた。

こうした政策課題の議論とは別に私が注目したのは、参加国首脳が安倍首相と一緒に伊勢神宮に〝参拝〟したことである。五月二十六日、安倍首相の案内で各国首脳は内宮《ないくう》の「御《ご》正殿《しょうでん》」で御垣内《みかきうち》参拝をした。「二拝二拍手一拝」の作法は求めず、あくまで自由に拝礼してもらうかたちをとったが、安倍首相は一足先に伊勢神宮に到着し、内宮の入り口にかかる宇治橋で次々に訪れる首脳を一人ひとり出迎えた。

安倍首相は、平成二十七年六月にサミット開催地を伊勢志摩地域に決定した際、「日本の精神性に触れてもらうためには良い場所。G7のリーダーに訪れてもらい、荘厳で凜《りん》とした空気を共有できれば」と語っていたが、それを肌で感じてもらう機会を実現したことになる。

ちなみに「御垣内参拝」とは、伊勢神宮の厳粛《げんしゆく》な参拝方法で「正式参拝」や「特別参拝」とも称される。天照大御神《あまてらすおおみかみ》が鎮座《ちんざ》する内宮の御正殿は瑞垣《みずがき》、内玉垣《うちたまがき》、外玉垣《とのたまがき》に囲まれていて、外玉垣南御門《みなみごもん》の外側で行う一般参拝と異なり、一つ内側の「御垣内」での参拝である。

御垣内は拳《こぶし》ほどの大きさの白い御白石《おしらいし》と黒い清石《きよいし》が敷かれ、神職が装束《しょうぞく》を着用して奉仕する神聖な空間とされる。
各国首脳がこの参拝でどのような感慨を持ったかわからないが、これまでも『日本美の再発見』で桂離宮を称賛したドイツの建築家、ブルーノ・タウトや、『歴史の研究』で知られるイギリスの歴史家、アーノルド・J・トインビーなど、伊勢神宮を訪れてその美と精神性に心打たれた外国の人々は少なくない。外国に対して文化の商品化を前面に出したクールジャパンとは違った意味で、日本の神髄《しんずい》を示すことを考えたのは誠によかったと思う。

還れる原郷があり、それを甦りの姿として未来に描ける

私は先に憲法論議に触れたなかで「潔い」という日本人の価値観について述べたが、伊勢神宮が象徴する日本の姿の一つが潔さ、清潔さである。

敷島《しきしま》の　大和心《やまとごころ》を　人問はば　朝日に匂ふ　山桜花《やまざくらばな》

こう詠んだのは、江戸時代の国学者で伊勢松坂の人である本居宣長《もとおりのりなが》で、身体の清潔さだけでなく、精神の在り方として日本人はそうありたいと思ってきた。桜の花の美しさはその花

びらの色だけでなく、潔く散る姿にもあり、大和心とは、清潔な美しさなのである。

平成二十五年十月二日、二十年に一度の伊勢神宮の式年遷宮《しきねんせんぐう》における「遷御《せんぎょ》の儀」（新しい社殿にご神体を移す）が内宮《ないくう》で営まれた。

浄闇《じょうあん》と呼ばれる神聖な闇のなか、絹の面紗《めんしゃ》に包まれたご神体の「八咫鏡《やたのかがみ》」は、神職らによってそれまでの社殿の西隣に同じ規模で造られた新宮に納められ、皇族を代表して秋篠宮殿下が参列され、安倍首相も出席した。

伊勢神宮の式年遷宮は飛鳥時代に天武天皇が定め、持統天皇の四年（六九〇年）に第一回が行われ、その後、戦国時代の約百二十年に及ぶ中断や幾度かの延期はあったものの、今回の第六十二回まで一千三百年以上にわたって続けられている。

二十年ごとに一新することで、神の瑞々《みずみず》しさを保つという「常若《とこわか》」の精神が根底にあるが、これは先人が営々と伝えてきた精神や技術を国家の事業として継承することで、次代に甦《よみがえ》らせる意味がある。

技術だけをとっても、正殿、社殿の造り替えによって、また御装束神宝《おんしょうぞくしんぽう》の新調によって、当代を代表する最高水準の匠《たくみ》の技《わざ》が二十年ごとに次世代へと確実に伝承される。これは伝統を積み重ねることで新たな息吹を吹き込むことであり、世界に類例のない日本独特の伝承の姿だといえる。

一千三百年前から伊勢神宮は生きていて、伊勢神宮は遺跡ではない。これは、日本の歴史伝統や文化は過去の遺物ではないということで、日本には還《かえ》れる原郷があると同時に、それを甦《よみがえ》りの姿として未来に描《えが》くこともできる。こんな国は世界に日本しかない。

Ｇ７に集まった国は、いずれも及ばない。イタリアにある古代ローマの遺跡はあくまで「遺跡」であり、現代に生きていない。また、いまのイタリア人の祖先に直接連なる人々がつくったのでもない。

「国柄《くにがら》」や「国体《こくたい》」という言葉がある。この言葉の意味は掘り下げていけばいくらでも複雑になるが、私は、その本質は民族、あるいは共同体の成員におけるノスタルジアの共有ではないかと思う。

福澤諭吉が『文明論之概略』の中で、こう語っている。

〈国体の情の起る由縁《ゆえん》を尋るに、人種の同じきに由《よ》る者あり、宗旨の同じきに由る者あり、あるいは言語に由り、あるいは地理に由り、その趣一様ならざれども、最も有力なる源因と名づくべきものは、一種の人民、共に世態の沿革を経て懐古《かいこ》の情を同じうする者、即ちこれなり〉

福澤が「懐古の情」というのがノスタルジアである。安倍首相は日本の原郷にG7の首脳を招き、彼らのどの国よりも長い歴史を持つ我が国の伝統や文化をさり気なく見せたことになる。

日本という国の底力をいかに印象づけるか。

これは具体的な数値化や計量化はできないものの、「地球儀外交」の一つの成果である。

第六章

「新しい日本人」は優位戦思考を持つ

オバマ大統領の広島訪問に当初は慎重だった米政府

伊勢志摩サミットを終えた平成二十八年五月二十七日夕、オバマ米大統領は、安倍首相とともに広島市の平和記念公園を訪れ、原爆死没者慰霊碑に献花した。

原爆を投下した米国の現職大統領が被爆地である広島、長崎を訪問したのは初めてのことで、オバマ大統領は慰霊碑前での演説で「悲惨な戦争で罪のない人々が殺された。私たちは歴史を直視する責任を共有している」と述べ、第二次世界大戦のすべての犠牲者に哀悼《あいとう》の意を表した。

米国の大統領がこれまで、広島と長崎に原爆を投下した事実を日本人に向けて謝罪したことは一度もない。今回のオバマ大統領の演説も、「十万人を超える日本の国民、何千人もの朝鮮半島出身者、十二人の米国人捕虜など亡くなった人々を悼《いた》む」と、原爆による犠牲者全員を追悼する旨を語ったが、当時のトルーマン大統領が決定した原爆投下の判断の是非には触《ふ》れず、「広島、長崎で残酷な終結を迎えたあの世界大戦は、世界で最も豊かで最も力を持つ国同士の戦いだった」と述べるにとどめた。

演説冒頭は、「七十一年前の明るく晴れわたった朝、空から死が降ってきて世界は一変した。閃光《せんこう》と炎の壁によって町が破壊され、人類が自らを破滅させる手段を手にしたことがはっきりと示された」というもので、「空から死が降って」とか「閃光と炎の壁によって」といった言い回しで原爆投下を表現し、「米国が投下した」とは明言しなかった。

そのうえで日米関係に関し、「あの運命の日以降、私たちは希望に向かう選択をしてきた。日米両国は同盟を結んだだけでなく友情も育《はぐく》み、戦争を通じて得るものよりはるかに大きなものを国民のために勝ち取った」と語り、日米は未来志向の関係を築いたと強調した。

さらに、「破壊を生み出す核兵器の保有を減らし、この死の道具が過激な人たちに渡らないようにしなければならない」と述べ、核兵器の拡散防止の取り組みが必要であると訴えた。

オバマ大統領の演説を受け、安倍首相はこう語った。

〈米国の大統領が、被爆の実相に触れ、「核兵器のない世界」への決意を新たにする。「核なき世界」を信じてやまない世界中の人々に、大きな「希望」を与えてくれました。(略)「核兵器のない世界」を必ず実現する。その道のりが、いかに長く、いかに困難なものであろうとも、絶え間なく、努力を積み重ねていくことが、今を生きる私たちの責任であります。(略)

日本と米国が、力を合わせて、世界の人々に「希望を生み出す灯《ともしび》」となる。この地に立ち、オバマ大統領と共に、改めて、固く決意しています〉

この安倍首相の発言には、いくつもの意味が込められている。それはあとで述べるが、オバマ大統領が一線を越えなかったように、米国はこれまで一貫して原爆投下は戦争を早期に終結させるために必要だった、原爆投下によって多くの米兵の犠牲を防ぐことができた、とその正当性を主張してきた。国内の学校教育でもそう教えてきたので、米国民の多くは、原爆投下はやむを得なかった、謝罪をする必要はないと思っている。

それだけに、米政府は、オバマ大統領の広島訪問には慎重だった。

ライス米大統領補佐官（国家安全保障問題担当）は、五月十五日放送の米ＣＮＮテレビのインタビューで、オバマ大統領の広島訪問について「興味深いことに、日本側は原爆投下の再評価や謝罪を求めてこなかったし、私たちはいかなる状況でも謝罪しない」と述べ、オバマ大統領の被爆地訪問は「正しい決断だ」としたうえで、第二次世界大戦の全犠牲者への追悼とオバマ大統領が掲げる「核なき世界」への取り組みを訴えるのが目的だと述べたのは、彼らの本音であると同時に、謝罪を求めない日本側の姿勢に意外感と好感の両方を持ったのだと想像する。

坪井直さんや森重昭さんの姿勢こそ日本人らしい

米側からは事前の実務協議の過程で、「大統領が広島に行くのであれば、安倍首相も真珠湾に来るべきだ」という意見もあった。これに対して日本側が、「それは過去に拘泥《こうでい》するもので、かえってオバマ大統領の広島訪問の価値を下げる」と応じると、米側はそれ以上、口にしなかったという。

これは先に触れた平成二十七年四月の安倍首相の米上下両院合同会議での演説で、「日米間の歴史問題は〝和解〟の実を得た」という日本側の認識に米側が寄り添ったものである。安倍首相は演説で「謝罪」に言及しなかったが、かつて敵同士だった日米の和解と未来志向の関係に焦点を当てた演説は、米側に好意的に受け止められ、議場は立ち上がって拍手喝采《はくしゅかっさい》をした。

安倍首相はオバマ大統領の広島訪問は日本が懇願《こんがん》することではなく、あくまで米国が決めることだという姿勢に徹した。これがかえって彼らの訪問実現の意欲を高めたといえる。

日本国内には、オバマ大統領の広島訪問について「謝罪の言葉がない」という批判がある。

しかし、日米両国がオバマ大統領の広島訪問を実現させたことは、今後の関係を考えるうえで大きな意義があった。さらに多くの日本人がオバマ大統領の広島訪問を歓迎し、理解を示したと思う。

演説を終えたオバマ大統領は、安倍首相と一緒に参列席の最前列にいた日本原水爆被害者団体協議会（被団協）の代表委員坪井直《すなお》さんに歩み寄った。坪井さんは九十一歳の被爆者である。

このときの模様を『産経新聞』は、こう報じた。

〈立ち上がった坪井さんにオバマ氏は「サンキュー（ありがとう）」と笑顔をみせた。坪井さんも笑《え》みで応じながら「原爆や核の問題は人類の不幸。米国を恨んでいるわけではない」。固く握手を交わしたまま、坪井さんは通訳を介して語り続ける。

「大統領が人類の幸せを語るのを聞き、心がずいぶん若返った」「プラハ演説は今も腹の底にあるはず。大応援している」

興奮気味にもう片方の手を上下に大きく動かしながら好意的なメッセージを伝えると、オバマ氏はときおり笑みを見せながらも真剣な様子で耳を傾けた。

オバマ氏はその後、すぐ近くに座る広島市西区の森重昭さん（79）のもとへ。森さんは被爆して犠牲となった米兵捕虜12人の調査を行い、その被害の実態を明らかにした実績がある。「いままで自分が取り組んできたことが評価されて大変うれしい」。そう語る森さんとオバマ氏は抱擁《ほうよう》し、森さんは感極まった様子で涙を見せた。（略）
オバマ氏は献花に先立って、原爆資料館を見学。続いて、慰霊碑の前に設けられた献花台に白い大輪の花輪をかけた。しばらく祈りをささげるようにうつむき加減で立ち尽くし、目をつぶった。（略）〉（平成二十八年五月二十八日付）

私は、この坪井さんや森さんの姿勢こそ日本人らしいものだと思う。

今日の安穏《あんのん》のために決して過去の惨劇を忘れたわけではない。しかし、〝どこかの国〟のように、いつまでも相手を怨《うら》んで復讐心《ふくしゅうしん》を燃やし、謝罪や賠償を求めつづけるようなことは、日本人はしない。そうした糾弾《きゅうだん》をして何か道徳的に一段高みに立ったような気分にもならない。日本人の本性はそんなものではない。

「潔い」ことが私たちの美意識であり、アメリカ人に「言わなくともわかる」という態度を示すのが「暗黙知」である。心あるアメリカ人はかえって負い目に感じる。

そして、少しずつだが日本人の「暗黙知」は世界に伝わり、世界はそんな日本人の心の在り方に共感するようになってきている。

中国の反日宣伝を打ち砕いたオバマ氏の行動

ここまでは「心の在り方」における優位戦思考である。オバマ大統領の広島訪問には、演説に盛り込まれた言葉にこだわるよりも大きな外交上のプラスもあった。

それは何より献花に訪れたオバマ氏の行動である。

オバマ大統領に任期間際《まぎわ》に一つの外交遺産を加えたいという動機があったのはたしかだが、日本側にとっては、オバマ大統領と安倍首相が揃《そろ》って広島の原爆犠牲者に献花したことは、日本を「第二次世界大戦の勝者としての米中共通の敵」と位置づけたい中国の反日宣伝を打ち砕く一撃となった。

「反日」を体制維持に利用する中国共産党指導部にとって、日本が先の大戦の被害者の立場になるのは都合が悪い。国際社会で日本の被害者イメージが高まると、「日本軍国主義を撃ち破った米中」という彼らにとっての歴史イメージが薄れ、日米分断の切り札に「加害者としての日本」というカードの効力も減退する。

思い返せば、一九八九年の天安門事件で西側世界から制裁を受け、中国人民からも共産主義への強い不信と反発に直面していた江沢民《こうたくみん》国家主席（当時）は、共産党政権の正当性維持をナショナリズムの高揚《こうよう》に頼った。反日教育を現場に取り入れ、事あるごとに「日本軍国主義の足音に警戒せよ」と繰り返した。

中国共産党宣伝部が「愛国主義教育実施要綱」を定めて公布したのは一九九四年で、幼稚園から大学まで徹底した「反日教育」を実施した。

大規模な反日キャンペーンのために、劇場用、テレビ用を問わず数多くの反日映画がつくられ、各段階の学校で上映することが義務づけられた（愛国映画百編）。また「愛国主義教育基地」の建設という方針のもと、各種の反日博物館、記念館などの建設や利用が進められた。それに日本のＯＤＡ資金の一部が回されたという話もある。

その後も中国の若年層に日本人への敵愾心《てきがいしん》と憎悪を植えつけるための大規模な政策が押し進められ、それは胡錦濤《こきんとう》主席の時代になっても続き、習近平《しゅうきんぺい》主席の今日に至っている。

韓国の日本叩きに同調する国は中朝しかないことも明らかに

一九九七年、訪米した江沢民はハワイに立ち寄り、真珠湾記念館で献花した。そのとき江主席は「米国民は真珠湾の教訓を忘れるべきではない」と訴え、日本を「米中共通の敵」とする記憶を喚起《かんき》しようとした。

今回、オバマ大統領は広島を訪問し、献花したが、代わりに安倍首相が真珠湾に行って謝罪を求められることもない。これは安倍外交の勝利である。

この効力は韓国にも及んだ。

オバマ大統領の広島訪問について、さすがに韓国政府は他国の外交日程だから「理解する」という公式見解を発表して日米両国を非難することはなかったが、韓国メディアは相変わらず日米への非難と注文を繰り返した。

産経新聞の黒田勝弘記者（ソウル駐在客員論説委員）によれば、その反応は、〈「（第二次大戦の）戦犯国という加害者の日本が被害者イメージを浮き彫りにしようとしている」「日本の戦争犯罪に免罪符を与えるものだ」からという。そして日本には「被害者ショー」「被害者面《づら》」「被害者コスプレ」と毒づき、米国にも「広島平和ショー」「日米合同政治ショー」と皮肉るなどいささか品がない〉（同紙平成二十八年五月二十二日付）というものである。

黒田記者は記事を、こう続けている。

〈韓国の議論で欠けているのは「ヒロシマは核問題の原点」という観点である。オバマ大統領の広島訪問は過去の核被害への慰め以上に現在、未来に向けた非核・反核への意味合いを探るものだろうに、そのことにはまったく顔をそむけている。

すぐ隣で同じ民族の北朝鮮が核開発を進め、先日の党大会では核武装を意気揚々と宣伝し、核保有で国際社会を脅迫しているのに。現在、未来の自分たちおよび国際社会の「核問題とヒロシマ」がまったく重ならないのだ〉

同感である。

韓国の被害者感情の極大化はいまに始まったことではないが、韓国人被爆者に対して日本政府と民間が何も救済や支援をしてこなかったということはない。日本が国力をつけた一九七〇年代以降、支援活動は本格化し、とくに一九九〇年には日本政府から人道医療支援基金として約四十億円が韓国に提供されている。

黒田記者によれば、〈この基金は韓国側で医療支援や福祉会館建設などに使われたが、結果的には長期的かつ効果的な運用に失敗し、「食いつぶされた」といわれる〉（前掲記事）が、どのように使われたかまでに日本が責任を負うとすれば、韓国は独立国なのかということになる。あるいは再び我が国との合併を望むのか、と。

結果として、オバマ大統領の広島訪問は、韓国の一方的な日本叩きに同調する国は世界に中国と北朝鮮以外にないことも示した。

ガリオア・エロア資金の返済は「日本人の自助精神」の発露

日本人は泣き言を言わない。自らの力で起《た》ち上がる国である。

若い読者に、こんな事実を知らせておきたい。

戦後の復興期、日本はアメリカのガリオア・エロア資金の提供を受けた。ガリオア資金とはアメリカの第二次世界大戦後の「占領地域救済政府資金」で、占領地域の疾病《しっぺい》や飢餓《きが》による社会不安を防止し、占領行政を円滑に行うことを名目に、当時の西ドイツや日本などに対して米陸軍省がその予算から資金を捻出《ねんしゅつ》した。

日本には昭和二十二年（一九四七年）から昭和二十六年（一九五一年）まで食糧や肥料、医薬品など生活必需品の緊急輸入というかたちで提供され、物資が国内で配給・換金されることで資金としての性格を持った。

エロア資金は、同じくアメリカの「占領地域経済復興基金」として昭和二十四年（一九四九年）の米会計年度から日本や韓国に向けて適用された。経済復興が主目的だったので、日本では主に綿花や鉱産物などの原材料の購入に充当され、政府はこれらの原材料を国内業者に売却し、その代金はガリオア資金と並んで「対日援助見返り資金特別会計」として蓄積された。

　この資金は当初、日本政府の裁量で運用されていたが、昭和二十四年からは、財政金融政策の引き締めを決めたドッジ・ラインの枠組みの中で、資金の利用には米政府の承認が必要とされる「見返り資金」としての計上を義務づけられた。

　ガリオア資金と合わせて一九五一年の米会計年度の打ち切りまでの対日援助総額は約十八億ドルとなり、日本はアメリカの「援助」に感謝し、国会で対米感謝決議までした。

　ところが、サンフランシスコ講和条約後に、援助開始時には無償とされていたのが突如、「援助」ではなく「債務」であるとしてアメリカから返済要求が突きつけられた。日本政府（とくに当時の大蔵省）は困惑の中で交渉を重ねながら、「ガリオア・エロア資金は対米債務と考える」という国会決議（昭和三十六年〈一九六一年〉）を行って返済することを決めた。

　同時に、減額を求める交渉を粘り強く続け、約五億ドルの返済協定を昭和三十七年（一九六二年）に結んで昭和四十八年（一九七三年）に完済した。日本人は、アメリカの変心に恨み顔を見せず、黙々と働いて返したのである。

　これは日本がアメリカに毟《むし》り取られた話と解釈することもできるし、日本人の「自助精神」の発露《はつろ》の話と受け取ることもできる。要は、日本人次第である。

　どちらにしても、日本人に〝物乞《ものご》い根性〟はない。どこかの国は日本の巨額なODAに何ら感謝もないまま、素知《そし》らぬ顔をして受け取りつづけ、あまつさえそれを第三国に〝自腹〟による援助のごとく回したりしたが、そんな国がいかに経済発展や軍事力の強大さを誇って見せようと、内実はたかが知れているし、世界中がそれを見ている。

発想法が安倍首相に似ているウィンストン・チャーチル

安倍首相の「地球儀外交」は日本人の心情とストーリーを踏まえたものである。もちろん、外交は相手があるもので、その成果において百戦百勝などありえない。肝心なのは、常に優位戦思考で外交を展開していくことで、それを意識しているところが安倍首相の特長である。

ここで歴史上の政治家で、その発想法において私が安倍首相に似た人物を探すと、「Vマークの宰相」と呼ばれたイギリスのウィンストン・チャーチルになる。

チャーチルは先の大戦で日本を敗戦に追い込んだ連合国側の主要な指導者で、その意味では憎んでも余りあるが、日本での人気は高い。それは彼の人生が祖国イギリスのために全身全霊を捧《ささ》げたものだからだと想像する。

彼は貴族の出だが、労働者階級に同胞としての思いを寄せていたため、貴族や富裕層からは「名門の出のくせに」と非難された。しかし彼は、国民全体の利益と幸福のためにはそのような非難を少しも恐れなかった。政治家としてだけでなく、銃弾砲火の交わる戦場に立つ軍人でもあった。

「敵ながら天晴《あっぱ》れ」である。

チャーチルは、自分が指導者として置かれたさまざまな局面で優位戦思考を発揮した。極端に聞こえるかもしれないが、第一次世界大戦も第二次世界大戦も、チャーチルの強烈な祖国愛やその野心、ゲーム感覚が引き起こしたという見方のあることを、日本人は知っておくべきである。

そもそも第一次世界大戦では、チャーチルがドイツを〝挑発〟したことが、ウィルヘルム二世にイギリスに対抗するための軍艦建造を決意させたともいえる。

ドイツとの早期直接対決を主張したチャーチルの「遠隔封鎖」

第一次世界大戦後も第二次世界大戦後も、ドイツ皇帝はドイツをヨーロッパ第一の強大国に、しかも海軍大国にする夢を捨てなかった。

イギリスはそれに対抗するか、あるいは当分は相互抑制でゆくか（ネイビーホリデーの提案）と国論が分かれたが、チャーチルはあくまで早期直接対決が有利と主張した。

その方法は遠隔封鎖で、①英国の地中海艦隊は廃止した、②戦艦も長距離封鎖に向いている巡洋戦艦に順次取り換えた、③燃料を石炭から石油に換えた、④海外に散在する基地を強化して太平洋で迎撃することにした、⑤アラブの油田確保のために石油会社を設立した、⑥航空部隊を併設して、自分もパイロットの試験を受けた（新婚の夫人から離婚されかけたので、やめた）など、三十歳代半ばの海軍大臣だったチャーチルは「ドイツが外洋に出てくればイギリス海軍は大歓迎だ」とスピーチし、「海外植民地が少ないドイツにとって海軍は赤字だ」と言った。恐るべき先見の明だったが、それでも一九四〇年代の日本海軍航空隊には惨敗した。

日本はそれを東宝が『ハワイ・マレー沖海戦』という映画にしてアジア各地に配給した。南下する海軍航空部隊八十三機の映画を台湾の人と観《み》たことがあった。プリンス・オブ・ウエールズとレパルスのイギリス戦艦二隻を雲の下に探して、〝まだか、まだか〟と日本海軍機は南へ飛ぶ。「もう引き返さないと、帰りのガソリンがありません」とパイロットが何回も言ったとき、指揮官は「帰ろうと思うな」と答える。

映画館いっぱいの台湾人がどよめくのを聞いて、私は「これがアジアの人に与えた日本人の決死の覚悟だったのだな」と思った。

このときから日本人はアジアの人たちから、「ビッグブラザー」あるいは「マスター」と呼ばれるようになったのである。それは、今も続いている。

日本とイギリスの艦隊に撃滅されたドイツ海洋艦隊

一九一一年七月一日、ドイツは帝国の権益を守るためとして、砲艦パンター号をフランス領モロッコのアガディールに派遣した。ヨーロッパ諸国に緊張が走り、チャーチルは、イギリスは万が一に臨む覚悟と準備が必要だと感じた。

彼は海軍大臣に就くと、ただちに行動した。実地に知識を得るために海軍省のヨットに乗り込んで約八カ月にわたって海上で過ごし、海軍の施設や造船所を視察して、重要な軍艦には全部乗り込んでみた。

そして一九一二年から一四年にかけて、チャーチルは英海軍の大建艦計画を立てる。彼は艦隊の燃料を従来の石炭から石油に換え、艦隊の行動力と速力を高めた。ドイツの建艦計画に対抗し、同時にこれは、ドイツのウィルヘルム二世への挑発ともなった。

チャーチルは、「イギリス海軍は、われわれにとって必要なものであるが、ドイツ海軍は一個のぜいたく物である。わが海軍はイギリスの存亡にかかわるものだが、ドイツ海軍はたかがドイツの膨張を意味するにすぎない」と熱弁をふるい、建艦競争における当否の議論を主導した。

チャーチルはドイツの将来の動きを予測し、それにイギリスがどう対抗すべきかを説いて戦争の機運を高めた。ウィルヘルム二世と会うことを勧められてもチャーチルは応じず、戦争を待ち望む者であるかのごとく常に宥和《ゆうわ》主義に反対し、ドイツに対抗した。

一九一二年、英仏海軍協定が結ばれ、フランス艦隊は地中海に、イギリス艦隊は北海に集中された。一九一四年六月、第一次世界大戦の導火線となったサラエヴォ事件が起きる。同年七月、緊張状態のなかでイギリス艦隊は演習を行い、チャーチルは演習後も全艦隊を集結させたままにした。

彼の指揮下、イギリス海軍はすでに準備を整えていた。開戦当初からイギリスは制海権を握った。ウィルヘルム二世よりもチャーチルのほうが常に一歩先を行ったのである。

第一次世界大戦で日本が連合国側としてドイツ・オーストリアに宣戦布告して参戦したのは、一九一四年八月二十五日だった。日本軍はすぐさま中国山東省に上陸し、ドイツ軍が占拠していた膠州湾《こうしゅうわん》を占領、また十月には南洋諸島を占領し、十一月七日、青島《チンタオ》を占領した。

陸戦では一九一六年二月、有名なヴェルダン要塞《ようさい》の攻防戦が展開された。独仏双方で七十万の死傷者を出す激戦となったが、フランスの軍司令官ペタンは何とかドイツの攻撃を持ちこたえ、以後、ドイツは、より過酷な消耗戦を強《し》いられる結果となった。

海戦でも一九一六年五月末のユトランド沖での英独両海軍の戦いでドイツの劣勢は動かし難いものになり、ドイツの外洋艦隊は日本艦隊に追撃され、南米のアルゼンチン沖でイギリス艦隊に撃滅された。

常軌を逸した個性と人生がチャーチルをかたちづくった

第一次世界大戦は近代兵器による大量破壊・大量殺傷が始まった歴史的転換期の戦争だが、チャーチルはその扉を開いた一人でもあった。彼は海軍大臣でありながら、陸戦における新兵器の戦車《タンク》の開発と大量製造をすすめ、この怪兵器が連合国側に登場したことによってドイツ軍は敗勢に押しやられた。

佐藤亮一氏による伝記『チャーチル』（旺文社文庫）には、こう描かれている。

〈チャーチルは海軍や陸軍とも相談することなしに、巨額の費用を投じて、十八の「陸を走る船」の製作を命じた。これがやがて第一次世界大戦で、初めてヨーロッパ戦線に出現する、当時の新兵器「戦車《タンク》」であった。しかし、チャーチルの計画は、最初は、ばかげた

むだ使いだといわれた。イギリス軍が、後に戦車を使用してドイツ軍を圧迫したことは、戦史の上に永久に残ることになった〉

戦車はとくに一九一七年の北フランス戦線で威力を発揮し、ドイツ軍の塹壕《ざんごう》陣地を次々に撃破し、英仏の勝利の決定的要素の一つになった。

付け加えると、チャーチルは空軍の建設にも着手していた。彼は、空からの地上攻撃の有利を信じ、国民一般の航空熱を高めることに努力した。

〈そのためには、どんどん空に飛行機を飛ばせて見せることだとし、自分で操縦席にすわり込んだが、飛行機を次々にこわしてしまった。（略）次にチャーチルは、飛行機を軍艦の甲板《かんぱん》から飛ばすことを考えた。これがやがて実現し、次いでイギリスが飛行機に機関銃を装備する最初の国となり、また飛行機から魚雷を発射する最初の国となった〉（前掲書）

第二次世界大戦も同様、チャーチルはヒトラーを稀代《きだい》の悪魔に仕立てると、ヒトラーからの和平提案はすべて断り、ヒトラーと戦う英雄としての自分を演出し、英国民を鼓舞《こぶ》してドイツとの戦いを勝利に導いた。

そして第二次世界大戦が終わると、一九四六年三月、米ミズーリ州フルトンでの演説で「鉄のカーテン」という言葉を使い、「次の敵はスターリンだ」と旗を振った。この言葉は、「冷たい戦争」という言葉とともに世界中に広まった。

本来、反共主義者だったチャーチルは、大戦が終わると、早くもソ連の「赤化」攻勢を見抜いていた。しかし、大戦で手を携えて枢軸《すうじく》国と戦った同盟国ソ連に対する強い警戒を呼び掛けた演説は、英米政界にチャーチルへの反発というかたちの波紋を呼んだ。

だが歴史を見れば、チャーチルの警戒論は的を射《い》ていた。その後、ソ連は世界の共産化をめざして侵略的な政策を取り、米ソ冷戦が半世紀近く続いたのは事実で、チャーチルの凄《すご》さの一つは、戦争指導者は〝正義の戦い〟の演出にも勝たなければならないということを理解し、それに勝利しつづけたことである。これは優位戦思考がなければできない。それに欠けていた日本は、物理的な戦争に負けたうえに、正義の演出でも敗れた。

優位戦は、攻めることも守ることも自在、戦いのルールから、勝敗や和平の定義まで決められる立場から仕掛ける戦いで、劣位戦はそれらのイニシアティブがない立場からの戦いである。その意味ではチャーチルにはたしかに「大英帝国」というイニシアティブがあった。

明治開国後、劣位戦からスタートした当時の「大日本帝国」には、世界において三大海軍国、五大陸軍国という優位戦を展開し得る地位に国を押し上げながら、米英との比較で物量や科学技術以上に優位戦思考に欠けていたことが残念でならない。

チャーチルという指導者の話に戻ると、彼には国際政治の議論を優位戦思考によって主導する、兵器の開発や運用を考える、そうした、従来とは異なる、横っ跳びや跳躍《ちょうやく》の発想があった。

彼が単なる政治家ではなく、貴族でありながら庶民感覚を持っていたこと、若い頃に冒険家として、軍人として命からがらの経験を数多《あまた》経たこと、また文学や絵画の才にも恵まれていたことなど、常軌《じょうき》を逸《いっ》した個性と人生がチャーチルをかたちづくったといえる。ただの貴族、ただの学校秀才では及びもつかない。

柔軟かつ個性的な発想と、日本の可能性を信じる素直さ

さて、安倍晋三氏のことである。

安倍氏にはチャーチルと同じような冒険家や軍人の過去はない。岸信介《のぶすけ》の孫として、安倍晋太郎の長男として生まれ、「世襲議員」の代表格と見なされることが多い。東京大学のようなエリート校ではなく成蹊《せいけい》大学という私立に学んだことが首相として異色と思われている程度である。

だが、私は安倍氏が従来のエリートコースに乗らなかったことは非常によかったと思う。政治家としての安倍氏は、既成概念、固定観念、思い込みなどからかなり自由である。安倍氏には、東大卒の官僚上がりといった、既存の政治家にはない柔軟かつ個性的な発想と、何より日本の可能性を信じる素直さがある。これが学校秀才に決定的に欠けているもので、学校秀才は一定の手順にそった課題はソツなくこなすが、未知の事態には対応できない。

秀才には学習が必要だが、日本がその可能性を十全に発揮するためには、学習しなくとも対応できる直感力や暗黙知を持った人間を見出し、登用することが不可欠である。

私の見立てでは、安倍晋三氏はそうしたセンスを持つ一人で、安倍首相の「地球儀外交」が、祖父岸信介の遺志を継いだ〝墓参り〟と重なっているのを見てもわかる。

安倍首相は世界に対して優位戦思考で臨《のぞ》んでいる。劣位戦は、選択肢がないか、あってもごくわずかだが、実際の日本にはさまざまな選択肢がある。実は先の大戦時でも、その選択肢はあった（興味のある読者は『優位戦思考に学ぶ——大東亜戦争「失敗の本質」』〈ＰＨＰ研究所〉を参照されたい）。

それを複合的・重層的に組み合わせて事態を打開していく。〝閉された言語空間〟の中にいて、それを撃ち破る気のない政治家やメディアには、安倍氏の優位戦思考はわからない。

彼らは「わからない」とは言えないから、安倍首相を「危険だ」「時代に逆行している」と非難し、ヒトラーに喩《たと》えてまで国民のあいだに不安をかきたてようとする。だが「新しい日本人」は優位戦思考を持つ人々で、安倍氏の戦いの意味がわかるはずである。そういう人は官界・学界にはいないが、ビジネス界や言論界にはいる。

第七章

グローバリズムからローカリズムの時代へ

トランプ氏の「米国第一主義」はオバマ氏の政策と変わらない

「まえがき」で述べたように、アメリカは次期大統領にドナルド・トランプ氏が選出されたことで、日本のメディアは「世界は大混乱に陥り、日本は大変なことになる」と騒いでいる。

だが世界の混乱が続くとしても、日本は大変なことにはならない。たしかに安全保障や経済分野において無視できないさまざまな影響は出てくるだろうが、日本にはそれらに対応できる力がある。

世界の情勢は、いったいどうなっているか。アメリカはオバマ大統領の時代から、いや、それ以前から混迷を続けている。

平成二十五年十二月、安倍首相が靖国神社を参拝した。このときアメリカは「失望」を表明した。朝日新聞や毎日新聞、読売新聞など、産経新聞を除く主要紙はすべて安倍首相を批判し、「アメリカでさえ失望し、支持していない」という論陣を張った。しかし、「失望」は日本への非難ではなくアメリカの弱音にすぎない。「首相の靖国参拝によって中韓と日本とのあいだで緊張が高まり、それが偶発にせよ軍事衝突に発展してほしくない。アメリカはそれに対処する力がないし、それを世界に晒《さら》したくない」という意味である。

オバマ大統領は二〇一二年八月、内戦の続くシリアのアサド政権に対して化学兵器使用を認めないと宣言したが、二〇一三年三月には実際に化学兵器が使われ、八月の化学兵器使用も防げなかった。

オバマ大統領はその後、軍事攻撃の準備を軍に指示したが、イギリスのキャメロン首相が軍事行動への参加を断念すると、オバマ大統領には独自に軍を動かす権限がありながら踏み切らず、結果的に「アサド政権に青信号を示した」と批判されることになり、相対的に同地域でのロシアの影響力を高めることにもなった。

しかもオバマ大統領は、その後、九月十日の演説で「アメリカは世界の警察官ではない」と明言し、「すべての悪事を正すこと（解決すること）はわれわれの手に余る」と〝宣言〟した。

ここには厳しい財政負担に加え、イラクやアフガニスタンでの戦争が目論見《もくろみ》どおりいかない厭戦《えんせん》気分、無力感がある。ここまで本音をあからさまにした米大統領は珍しいが、これではとても東アジア情勢には手が回らない。

安倍首相の靖国神社参拝によって東アジアの緊張が高まるとしたら、アメリカは動かざるを得ないが、動けないアメリカを世界に見せたくはない。〝日本よ、どうかアメリカに恥をかかせないように自重してくれ〟ということだと想像する。

オバマ大統領が二〇一六年末までにアフガニスタンの首都カブールの大使館警備要員などを除いて駐留米軍を完全撤退させる計画を断念し、大統領任期が終わる二〇一七年一月以降も五千五百人規模の部隊を維持すると発表したのは二〇一五年十月半ばである。

米軍は二〇〇一年の9・11のニューヨーク同時多発テロ以後、アフガンに最大時で十万人規模を駐留させてきた。国際治安支援部隊（ＩＳＡＦ）の中核として二〇一四年末まで戦闘任務を担い、約一万人がアフガン治安部隊の訓練などを行っている。

オバマ大統領が米軍の完全撤退計画を発表したのは二〇一四年五月だが、治安情勢が改善しないことで事実上の撤回に追い込まれた。これは、アフガンとイラクの二つの戦争を終結するというオバマ大統領の公約が破綻《はたん》したということである。

トランプ氏が言い立てている「米国第一主義」、その外交戦略は、オバマ大統領の政策とは大きく違うという印象を与えているが、「アメリカはもはや世界の警察官ではない」と宣言したオバマ大統領の方針と本質的な違いがあるわけではない。

さらにいえば、自国第一は当たり前のことで、驚くには当たらない。問題はトランプ氏の主張が多くの事実誤認の上に立っていることだが、これへの日本の対応についてはあとで述べる。

アメリカ社会の大問題は「貧富の差の拡大」

アメリカは孤立主義、内向き志向になっているが、原因の一つは二〇〇八年に起きたリーマン・ショック以後の経済の低迷にある。たしかにアメリカの経済規模はいまも世界一である。二〇一五年の名目GDPは十七兆九千四百七十億ドルで、第二位の中国の十兆九千八百二十八億ドルを大きく引き離している。

ちなみに日本は第三位で、四兆千二百三十二億ドル。アメリカは依然として世界経済の二割を占める大国なのだが、問題は経済の規模よりも質であり、国民生活に豊かさをもたらしているかどうかである。

大統領選挙でも「国の分断」が指摘されたが、アメリカ社会の大問題は貧富の差の拡大である。それは従来の白人富裕層に対する有色人種の移民たちの相対的貧しさという図式だけでなく、白人のブルーカラーを中心にした労働者階層と資本家・投資家との著しい格差が重なっている。

リーマン・ショック後の二〇〇九年から二〇一〇年にかけてのアメリカの一般労働者の家計収入（実質所得）は、平均二％しか伸びなかったのに対し、所得上位一％のそれは一二％

の増加で、しかもこの一％の富裕層が手にした所得は全体の九三％に及ぶ。

また、一九七九〜二〇〇七年にかけて所得上位一％を占める超富裕層は税引き後の収入が約三・八倍に増えたのに対し、下位二割の低所得層は一八％しか伸びなかったという米議会予算調査局（CBO）の調査報告（二〇一一年十月）もある。CBOは「この三十年間で米国民の所得は、かなり不平等となった」と分析した。

さらに、米市民団体の「税金の正義を求める市民の会」が発表した米主要企業二百八十社の納税実態調査によれば、二〇〇八年から二〇一〇年にかけて七十八社が少なくとも一年間は連邦所得税を納めておらず、三十社は三年間にわたって納税しなかったという。

一握りの超富裕層とそれ以外の人々の格差はより深刻さを増し、納税の有無を通じて国民道徳の問題ともなっている。

トランプ氏は、「ウォール街と結託する（民主党の）クリントン候補は邪悪だ」と訴え、ヒラリー・クリントンと民主党の大統領候補指名を争ったバーニー・サンダース上院議員も、ワシントン政治とウォール街の「結託」を批判して支持を集めた。

トランプ氏もサンダース氏も名指しした「ウォール街」は何を象徴しているか。それは民主、共和両党の主流派が推進してきた経済のグローバリズムである。

トランプ氏は過激な表現でそれを批判し、白人の中間層を中心に米国民の多くがそれに唱和した結果、トランプ氏は次期大統領に当選した。底流にあるのは、近年の米国型資本主義への激しい反発である。

金融工学を駆使したモラルなき秀才たちがもたらした後遺症

では、米国型資本主義とは何か。産経新聞社の田村秀男編集委員は、こう述べる。

〈米国型資本主義モデルとは、世界最大の債務国米国が日本をはじめとする外部からの資本をニューヨーク・ウォール街に引き寄せることで成り立つ。そのための枠組みはグローバルな金融自由化ばかりではない。株主利益を最優先する企業統治という仕掛けとグローバリゼーションは一体化している。

金融市場の投資尺度は企業財務のうち、株主の持ち分とされる「純資産」、すなわち株主資本に対する利益率である。利益率を高める経営者にはストックオプションなど高額の報酬が約束される半面で、一般の従業員は絶えずリストラの対象にされ、給与は低く抑えられる。そんな金融主導モデルが全産業を覆《おお》ってきた〉(平成二十八年十一月十三日付『産経新聞』)

わかりやすくいえば、「会社は従業員とその家族のものではなく、雇われ社長のものでもなく、株主と投資家のものである」となる。さらに最も効率よく利益を上げられるのは「モノづくり」ではなく、金融商品の開発と売買であり、その自由化を推し進めることが正しいと見なされている。

〈このビジネス・モデルはグローバリズムを推進した1990年代の民主党ビル・クリントン政権と2001年発足の共和党ジョージ・W・ブッシュ政権のもとで大成功を収めた。1994年には国内総生産（GDP）の4％余りだった外国資本流入は07年には16％近くまで上昇する間、ウォール街は沸き立った。世界の余剰資金は住宅市場に流れ込んで住宅相場をつり上げた。住宅の担保《たんぽ》価値上昇を受けて、低所得者にも住宅ローンが提供された。多くの家計は値上がり益をあてに借り入れ、消費に励み、景気を押し上げた〉（前掲記事）が、住宅の値下がりとともに、このバブルははじけた。それがリーマン・ショックである。

リーマン・ショックの原因は「サブプライム住宅ローン」である。

前掲記事にあるように、さほど収入のない信用度の低い人たちに向けた住宅ローンで、そもそも金融機関としては危険性の高い融資となる。にもかかわらず、彼らはそのローンを証券化して売ることを考え、証券を組み込んだ金融商品を広く世界各国の投資家に売った。好景気のなかで住宅価格の上昇に伴い、証券も金融商品も値段が上がって人気となり、さらに高値で売買されるようになった。

しかし、もともと信用度の低い人たち向けのローンなので金利は高い。好景気が続き、給料が上がって購入した住宅の担保価値も上がっているうちは金利の返済もできた。

ところが不景気になると、たちまち収入が減って、高利のローンが支払えなくなる人が続出した。住宅を売ってローンを相殺しようにも担保価値が下がっているので、それもできない。

結果としてハイリターンを謳《うた》ったサブプライム住宅ローンの証券は紙くず同然となり、それを組み込んだ金融商品の価格も下落して、市場では投げ売り状態に陥った。金融主導で「強欲《ごうよく》」を商品化した報《むく》いといえばそれまでだが、二〇〇八年九月にサブプライムローンに乗っかった大手投資銀行グループの「リーマン・ブラザース」が倒産し、それが引き金となって世界的な金融危機が起きた。

金融工学を駆使《くし》したモラルなき秀才たちが経済を動かした結果である。この後遺症は、いまも続いている。

白人中間層は「モノづくり」の復権を求めている

金融主導のグローバリズム経済の直撃を受けたのが、アメリカでは白人中間層の労働者たちだった。そもそも経済のグローバル化を称揚《しょうよう》する国際金融資本や多国籍企業にとって、国境はまったく関係ない。

彼らは事業を展開する国々の歴史伝統や慣習に関心はなく、尊重する気もない。むしろビジネスの障壁《しょうへき》と考えている。

安い労働力を確保できるなら国籍は問わない。極端にいえば不法移民でもかまわない。それなら、なおのこと低賃金で社会保障も考えなくて済む。

トランプ氏は選挙戦で、アメリカ社会の中核である白人中間層の職を奪う自由貿易協定の破棄《はき》や移民排斥《はいせき》を訴えて支持を集めたが、それはこうしたグローバリズムを推し進める存在への反発を掬《すく》い上げる政治家がこれまでいなかったからである。

グローバル企業はメディアに大きな影響力を持っている。トランプ氏の過激な発言は、そうした構造に風穴を開け、マスメディアに現れない「民意」を刺激しようとするものだった。大衆の感情に訴え、挑発し、煽動したのは一種の計算だったと私は見ている。

アメリカの大手メディアのほとんどがヒラリー・クリントンを支持した。しかし結果は、トランプ氏の勝利だった。

象徴的だったのは、ビル・クリントン元大統領が初当選した一九九二年以来、民主党が勝ちつづけている「ラストベルト」（さびた工業地帯）のミシガン、ペンシルベニア、イリノイ各州のうち、ミシガンとペンシルベニアをトランプ氏が獲得したことである。

これは白人中間層が、金融資本が主導する経済の在り方に「ＮＯ」を突きつけ、「モノづくり」の復権を求めたともいえる。

また、アメリカの若者の多くは奨学金で大学に進学し、卒業後にそれを返済していくというのが普通だった。授業料は高額で、日本のように親に頼って大学や大学院に進むのはかなりの富裕層である。

たとえばハーバード大学を卒業するには、学部にもよるが、約三千万円が必要だとされる。ところが、その奨学金ローンの金利が上がっている。二〇一五年の卒業生一人当たりの学費ローンの平均は約三万五千ドルだという。普通の労働者階層の子弟ではよほど成績優秀で返済義務のない篤志家《とくしか》の奨学金にでもありつかないかぎり、高等教育は受けられない。

うまく大学を卒業して就職できたとしても、大変な借金を抱えることになる。日々の生活がままならない若者が増えているので「利付奨学金」という仕組みができたが、貸した側は貸し倒れになりかねない。そこで金融機関は奨学金の返済は給料から優先的に徴収できるという法律の制定を働き掛けて成立させた。

グローバル経済は、あらゆるものを金儲けのビジネスにする

現在、アメリカの若年層失業率は一四％である。日本が五％未満であることと比べると、就労そのものが厳しいといえる。働いて奨学金を返済しようにもできない現実が、若者の前にある。それでも奨学金ローンの金利は下がらない。

これらは何を意味するか。金融資本に主導されたグローバル経済は、あらゆるものを金儲けのビジネスにするということである。これらを正当化するために彼らは「自由競争」「市場原理」「自己責任」を主張する。

ちなみに日本にも、この言葉が溢《あふ》れかえった時代がある。いまもこれを声高《こわだか》に口にする政治家や経済学者がいる。安倍首相をその仲間に数える向きもある。

たしかに安倍首相の経済政策に問題や疑問がないわけではない。しかし首相は「再チャレンジ」できる社会を掲げて財界のトップを回って給与のアップを要請している。これはアメリカにはないことである。

環太平洋戦略的経済連携協定（英語：Trans-Pacific Strategic Economic Partnership Agreement、TPP）に反対の立場でトランプ氏は次期米大統領になった。日本では「自由市場の経済ルール」を主導するためとして国会で条約案を批准《ひじゅん》したが、これは当初構想されたようなかたちでは成立しないだろう。

TPPを含めた日本の経済問題については後述するが、安倍首相はいま一度日本の何を守るのかという根本に立ち返って経済政策を考えてほしい。

アメリカの問題に戻ると、国を支える中核の人々がグローバリズムによって疲弊《ひへい》しながら、アメリカの軍事費は二〇一五年で五千九百六十億ドルにも上る。円に換算すれば約七十二兆千百六十億円である。

先にアフガンからの駐留米軍の完全撤退を断念したことに触れたが、なぜアメリカ人の命が失われ、なぜアメリカ人の財貨が失われるのか。もっとアメリカ国民を大切にしろ——となる。トランプ氏が「米国第一」を訴えたのは国民感情として自然である。

トランプ氏のキャラクターを承知したうえで、過激な言葉の表層に踊らされるのではなく、中身を見ていかなければならない。当選後、彼が過激な物言いを封印し、現実と自説のあいだにある正誤を確認しようとしていることを見過ごすべきでない。

「経済成長」は「経世済民」につながらなければ空しい

ヨーロッパに目を向けると、二〇一六年六月に英国が国民投票を行い、欧州連合（ＥＵ）から離脱する選択をしたことが日本に衝撃を与えた。ほとんどの国内メディアがトランプ氏の米大統領当選の報と同じく、「世界に混乱が起きる」という見通しを述べ、「英国は誤った選択をした」と報じた。

主要新聞の社説の見出しを拾ってみよう。

・『読売新聞』英国ＥＵ離脱へ　世界を揺るがす残念な選択だ
・『朝日新聞』英国がＥＵ離脱へ　内向き志向の連鎖を防げ
・『毎日新聞』英国ＥＵ離脱へ　混乱と分裂の連鎖防げ
・『産経新聞』英国のＥＵ離脱　欧州統合の理念失うな
・『日本経済新聞』は上下の二回に分かれ、「英ＥＵ離脱（上）世界経済と秩序の混乱拡大を防げ」「英ＥＵ離脱（下）大欧州の歩みをもう後退させるな」

である。各紙横並びの報道、社説で、内容的には大差ない。

そもそもEUの誕生は、加盟各国の主権国家としての権利を制限するが、同時に「欧州」という歴史的な共同体を復活させ、アメリカという大きな極に対峙するための決断だった。その象徴がユーロという統一通貨である。

この中で英国は、独仏が主導する欧州統合の構想には懐疑的だった。ユーロも導入せず、独自の路線を歩んできた。英国はEU域内で輸出の五割を占めるが、域内各国の最大の輸出相手も英国であり、相互に利益はあった。

しかし一方で、多額のEU運営資金を負担し、ギリシャなどの金融危機が起きると援助を求められてもきた。それに加えて、年間約三十万人にも達する移民や難民が、英国民の雇用や社会の安定を脅《おびや》かしかねない状況に「英国第一」を選択した。国家主権を制限してまでEUにとどまる必要があるのかと考えても不思議ではない。

これに対し、たとえば『日本経済新聞』の社説はこう訴える。

英国民のあいだに〈主権を取りもどせ、といった扇情的な声も聞かれた〉とし、〈国民投票の結果が示したのは、反移民や反EUの感情が経済合理性をはるかに超えて強い、という現実だ〉と述べつつ、〈経済のグローバル化そのものは止まらない。「国境」をかつてのように復活させて市場を分断すれば、成長の機会をみすみす逃してしまう〉という。『日本経済新聞』によれば「国境」は成長の機会を逃す障壁となる。

しかし、経済成長が必要だとしても、それは「誰のための、何のための成長」であるかが問題である。「経済成長」は、とどのつまり「経世済民《けいせいさいみん》」につながらなければ空《むな》しいものでしかない。

世界は新しい秩序を求めはじめている

現実を直視すれば、現在の国際金融資本が主導するグローバル化は、国境を越える多国籍企業を富ませはしても、世界の「国々」の「民」を富ませているとは言えない。人道問題として移民や難民を受け入れることと、それを安価な、使い捨て可能な労働力と考えて移動を自由にせよというのはまったく違う。こうした訴えを排外主義や感情的なナショナリズムと切って捨てるのは誤りである。

英国のEU離脱に関し、ロックバンド「ローリング・ストーンズ」のボーカル、ミック・ジャガーが英テレビの事前インタビューで、「個人的にはどちらでも大きく変わらないと思う」と断りながら、「短期的に見れば損害だが、二十年くらいの長い目で見れば有益だろう」と発言したことは興味深い。私はミック・ジャガーをよく知らないが、彼は歴史に根差したイギリス人の価値観を判断材料に示したように思う。

英国のEUからの離脱は国際金融資本が主導する経済体制への「国民」の反発の現れである。米国の有権者も英国民と同じくグローバリズムに反発を強めた結果、「敵はウォール街だ」という、劇薬の塊《かたまり》のようなトランプ氏を大統領に選んだ。

一般化していえば、英国のEU離脱や米大統領にトランプ氏が選ばれたことは、反グローバリズム、反普遍主義、反エスタブリッシュメント（支配層）という、それぞれの国民意識の底流が反映されたものである。

世界は新しい秩序を求めはじめている。それは欧米が主導した秩序の行き詰まりを意味している。これからの時代はグローバリズム（globalism）からローカリズム（localism）の時代に移っていく。言葉を換えれば、グローバリズムに対するエスニック（ethnic）の時代、エスニシティ（ethnicity）の時代ともいえる。

これは国際政治の世界では、民族主義や地域共同体の尊重ということになる。それぞれの国の歴史伝統や文化を侵さずに共存していく考え方である。経済のルールに共通性を持たせるとしても、それはお互いの存在基盤を壊さない範囲にとどめるべきで、そうでなければ「国民経済」は成り立たない。

構造改革に日本の「国益」はあったか

さて、私は先に「時間軸を含めて全体的に見通したストーリー」を踏まえることが日本の未来を考えるうえで大切であると述べた。

我々はこれまで、外国とのあいだでの経済ルールをどうするかという議論を何度も繰り返してきた。それを思い出してみると、守るべきものが何であるか、その価値は今日も変わらぬことに気づく。

一九八九年七月の日米首脳会談（当時の米大統領はジョージ・ハーバート・ブッシュ、日本の総理は宇野宗佑氏）で合意された日米構造協議を思い返してみる。

日米間の貿易不均衡の是正を目的に数次にわたって開催され、一九九〇年七月に日本側は公共投資の拡充や「大店法《だいてんほう》（大規模小売店舗立地法）」、独禁法（独占禁止法）の改正などを、米側は財政赤字の削減、競争力の強化などを盛り込んだ最終報告書が発表された。これは一九九三年には「日米包括経済協議」となり、一九九四年から「年次改革要望書」として続いた。

さらに遡《さかのぼ》れば、一九八五年のプラザ合意（ニューヨークのプラザホテルで行われた米・英・

仏・西独・日による五カ国蔵相会議。ドル高是正のために各国が為替に協調介入することが決められた）や一九八六年の「前川リポート」（中曽根康弘元首相の私的諮問《しもん》機関だった経済構造調整研究会が提出した報告書。内需拡大や市場アクセスの改善と製品輸入の促進、金融の自由化・国際化、世界経済への貢献等々が提言された）、翌一九八七年の「新・前川リポート」などがある。

こうした流れのなかで、日本はアメリカ流の個人主義的、能力主義的、金融中心の資本主義に巻き込まれ、深く寄り添っていった。

この三十年近くを振り返れば、日本はアメリカの望む規制緩和を行い、市場を開放し、金融を自由化して、グローバリズムを受け入れてきた。しかし問題なのは、それを主導したのが主に「崇洋媚外《すうようびがい》」の人々だったことである。

政治家や官僚、学者や経済人は国際化の重要性を語ったが、はたしてそこに日本の「国益」はあったか、「国民」の利益はあったかということを改めて問わねばならない。

構造改革、規制緩和の流れをさらに推し進め、「聖域なき構造改革」を謳《うた》ったのは小泉純一郎元首相である。氏は旧来の「自民党をぶっ壊す」と言って政権の座に就き、道路公団民営化、郵政民営化などを行った。

「小泉劇場」に登場した学者やマスコミ人士の多くが、構造改革なくして日本は生き残れない、これまでの日本型を改めて「世界標準《グローバル・スタンダード》」に従わなければ日本に未来はない、と訴えた。

繰り返し根本的なことを述べれば、改革や変化が必要だとしても、それはただ生存するためではなく、国としての独立を維持し、日本人としての繁栄を求めるためである。新しくなったはいいが、どこかの従属国になっていたり、日本人ではない正体不明の「レットウ（列島）人」になっていたりしたら本末転倒である。

誤魔化さずに正視すれば、近年の日本におけるグローバリズムとは、結局、アメリカにいかに寄り添うかということだった。「新しい日本人」はこの認識からスタートし、そこから脱却しなければならない。

第八章

日本国家の歩みは〝終わりのない芝居〟

中国には経済の基本である「信用」がない

日本にとって、国を守り、独立を守る意志が問われるもう一方の隣人が中国である。中国とは「歴史戦」を戦っている。この戦いは銃弾や砲弾が実際に飛び交うものではない。国際社会を舞台にした宣伝、情報の戦いである。

安倍首相の登場まで日本は敗退を重ねてきた。先に述べたように、敗退の自覚すらないまま、彼らの望むものを提供してきた。

日本の名誉を貶《おとし》めながら、日本からの資金導入によって中国はGDP世界第二の経済大国となり、いまや米国の軍事力を脅《おびや》かすほどの軍事大国にもなった。人口十三億人の市場規模に世界は幻惑《げんわく》され、中国はそれを見越して、経済力と軍事力を背景にした威圧をもって国際秩序の主宰者になろうとしている。

アメリカがトランプ大統領になってどう中国に対していくか不分明だが、日本は自らの価値観と意志を持って毅然《きぜん》と存在を示していくことが必要である。

リーマン・ショック以後の中国経済の膨張を支えたのは米ドルである。中国を〝その気〟にさせたのはアメリカだともいえる。

米連邦準備制度理事会（FRB）が二〇一四年までの六年間にドルの発行量を四倍とし、三兆ドルを追加発行したのを中国人民銀行が相当額のドルを国有商業銀行などから買い上げ、人民元資金を供給してきた。商業銀行は資金を地方政府が主導する不動産開発や国有企業などの設備投資に向けて融資し、こうした資金に支えられて中国のGDPは二桁台で伸び、二〇一〇年に日本のGDPを抜いた。

不動産市場が過熱するなかで工業生産能力は二〇一四年までの七年間で粗鋼約二倍、自動車二・三倍、セメント一・九倍と膨張し、世界経済における怪物となった。

それが二〇〇四年に不動産バブルが崩壊すると、各地方ではゴーストタウンが出現、鉄鋼などの設備の五割以上が過剰となった。中国国内での需要が急減したことで石油や鉄鉱石など国際商品市況は暴落し、世界にデフレ不況をもたらした。

中国経済は青息吐息《あおいきといき》のはずだが、生産過剰で需要がない製鉄所など、本来なら整理されるべき企業体が倒産を免れている。地方の共産党官僚が、党中央の目標である経済成長率を達成するために誤魔化しを行っているためである。

経済の実態としては〝張り子の虎〟のようなもので、製造しているものは日本をはじめとする先進国のコピーにすぎない。共産党官僚などの特権階級が地方からの農民工（出稼ぎ労働者）を低賃金で酷使し、低価格を売りに世界に輸出攻勢をかけた結果の数字である。国内の不動産バブルは、本来存在しない需要を無理に生み出したものでしかない。

中国当局の統計数字は当てにならないが、国際決済銀行（ＢＩＳ）の統計によれば、二〇一五年末までの三年間で中国の企業、政府、家計の債務合計は約九百二十兆円増加したという。経済の実態が健全で透明性があれば借金が増えても信用不安は起きないが、中国はその条件を満たしていない。共産党の強権が綱渡りを可能にしているだけと見てよい。

中国がいくらアジアインフラ投資銀行（ＡＩＩＢ）をつくって金融市場を主導しようが、また国際通貨基金（ＩＭＦ）の特別引き出し権（ＳＤＲ）構成通貨の刻印が人民元に押されようと、中国には経済の基本である「信用」がない。

ＡＩＩＢや人民元が世界経済において責任ある役目を果たせるか。彼らが本当に果たす気ならば、金融市場の開放や外国為替の変動相場制移行など市場の自由化と透明化が欠かせない。ＩＭＦはそれをＳＤＲ入りの条件としたはずだが、習近平政権はそれを無視した。世界は急速な中国経済の膨張に幻惑され「無法通貨」にステイタスを与えてしまった。

中国の経済発展は国内労働者の低賃金に支えられていただけで、市場としても人口規模以外は中流以下でしかないから、質の経済を論じる基礎がない。だから中国に進出した外国企業は、より賃金の安い東南アジアの国々に生産拠点を移しつつある。

中国の国有企業でさえ、それらの地域に逃げはじめた。ＩＭＦの推計によれば中国の不良債権は二〇一六年三月末の時点でGDPの二割を超え、さらに増加している。それでいて人民元をSDRに加えたのだから、国際機関がいかに国際社会のことを真剣に考えていないかがわかる。

あちこちに出てきている中国経済の綻び

こうした中国経済の実態を、日本は見極めなければならない。

作家の深田祐介氏（故人）によれば、伊藤忠商事の元会長で中国大使を務めた丹羽宇一郎氏は伊藤忠の役員時代、「将来は大中華圏の時代が到来する」「日本は中国の属国として生きていけばいい」と語り、深田氏が「それでは朝貢《ちようこう》貿易ではないですか」と反論すると、「日本が幸福かつ安全に生きる道は中国の属国になること」と自信に満ちた表情で答えたという。

また、丹羽氏と同じ伊藤忠で中国総代表を務めた藤野文晤《ふみあき》氏も、『文藝春秋』（平成十六年十二月号）で中国問題に関し、「今後本格的に国際的な市場となった暁に、日本だけが孤立してしまうことが心配」「小泉さんが靖国参拝をやめれば歴史問題は一番すっきりする」「日本人が中国と本気で付き合おうと思ったら中華世界の一員になる覚悟が必要」などと語っていた。

これは伊藤忠だけの中国追従ではない。多くの企業が「バスに乗り遅れるな」とばかり中国に傾斜したが、中国の要求に寄り添うだけが日本のビジネスマンの在り方なのか。ここでも、何のための中国ビジネスなのかを問う必要があった。伊藤忠が儲かれば、それが日本国民の利益といえるのか。

現実に中国経済の綻《ほころ》びは、あちこちに出てきている。中国が日本に対抗して進める高速鉄道計画を中心としたインフラ輸出が、世界各地で頓挫《とんざ》や延期などの事態に陥っている。

たとえば二〇一五年九月に習近平主席が訪米した際に結ばれた、米ネバダ州ラスベガスとカリフォルニア州ロサンゼルスを結ぶ高速鉄道計画（全長三百七十キロ、投資総額約一兆三千五百億円）で、米企業のエクスプレスウエストが中国鉄道総公司を中核とする中国企業連合に合弁解消を通告した。これは中国による初の対米鉄道輸出だったが、中国の計画では建設に大幅な遅延が生じるというのが合弁解消の理由だという。

日本に競《せ》り勝つかたちで受注したインドネシアでの高速鉄道計画も順調に進んでいないし、シンガポールでは納入された都市型鉄道車両の大半にひび割れなどの重大な欠陥が見つかり、ミャンマーでは水力発電事業が中断となっている。

中国の高速鉄道は日本が供与した新幹線技術がもとになっているが、日本の技術力は日本人の精神性に裏打ちされている。単に仕様だけを真似ても、同等同質のものはつくれないし、運用もできない。

「日本も原子力潜水艦を建造する用意がある」と言えばよい

中国の軍拡を無視はできないが、軍事力を展開するには経済力の裏づけが必要である。だが中国には、それがない。だから、いたずらに恐れることはない。日本は現状でも十分に対応可能である――と私は思っているが、日本の新聞はそう書かない。民間ビジネスは、黙って退場する。この「黙って」が重要である。

中国がこれまで南シナ海の島嶼《とうしょ》で領有権を強奪してきたやり方は、①領有権の正当性を主張、②大量の漁船団を送って操業させる、③民間人を装った人民解放軍の兵士を上陸させ主権を示す碑を設置したり国旗を掲揚《けいよう》したりする、④上陸した中国人民の保護を名目に軍事力を行使し支配権を獲得する――というものである。

しかし、これは尖閣《せんかく》諸島には使えない。まず海上保安庁の領海警備を突破しなければならない。また大勢を上陸させるには大量の補給物資の輸送継続が必要となるが、これは制空権・制海権が確保されていなければできない。中国は南シナ海ではそれが可能だったが、尖閣諸島では中国に制空権・制海権はない。

制海権は、制空権がないと維持できない。現状の中国空軍は、第四世代戦闘機は航空自衛隊の二倍以上の機数を保有しているが、航続距離、管制能力ともに劣っているため、洋上で自衛隊並みの航空作戦能力が発揮できるとは考えられない。

また尖閣諸島に最も近い基地でも六百キロ離れているため、彼らは挑発以上の行動はできない。中国が盛んに挑発してくるのは、軍事に関する知見のない政治家や官僚、マスコミ人士を心理的に揺さぶって、日本国民に不安を煽《あお》ることで譲歩を引き出そうという作戦で、尖閣沖にやってくる中国公船もその近域の領空を侵す航空機も、日本国民への心理戦、情報戦の先兵である。

かつて遅浩田《ちこうでん》氏が中国の国防部長（国防大臣）を務めていた頃、私は北京《ペキン》の人民大会堂で二人だけで会談したことがある。そのとき遅浩田氏は何でも訊いてくれというので、「なぜ中国は海軍力の増強に金をかけるのか。中国が外洋海軍《オーシャン・ネイビー》の建設をめざしているなら、それは亡国の道かもしれない。かつての日本がそうだったように」と尋ねると、彼は「海軍？あんなに金のかかるものを誰がやるか」と応じたものである。

遅浩田氏は「武力による台湾解放（台湾侵略）の可能性」に言及し、引退後の二〇〇五年には当時の胡錦濤《こきんとう》国家主席の平和的発展路線を批判し、「台湾の武力解放のため、場合によってはアメリカ及び日本に対する核兵器使用も辞さない」と発言した強硬派である。その遅浩田氏ですら、海軍の建設と運用にどれほど金がかかるかを知っていて否定的だった。

しかし、中国は愚かにも外洋海軍の建設に踏み出した。二〇一二年九月、中国は、マカオの中国系企業を通じてウクライナから「海上カジノ」として使うと嘘をついて、建造途中でほったらかしになっていた旧ソ連の空母を購入し、改修して「遼寧《りようねい》」と名付けて就役させた。

同年十一月には艦載機の発着試験にも成功したと報道があったが、遼寧の最大速力は一九～二〇ノットである。この程度の速力ではスキージャンプ式の空母艦載機は燃料満載で発艦できない。燃料を満載できなければ行動範囲は著しく狭くなり、それでは空母としての機能がないのも同然である。

また空母を一隻保有したところで、中国海軍が機動部隊を保有したことにはならない。実際には日清戦争時の定遠《ていえん》、鎮遠《ちんえん》のように日本やアジア諸国への心理的恫喝《どうかつ》に使えればという程度である。さらに中国海軍のフリゲート艦や駆逐艦、潜水艦、海洋局の公船などの稼働率は全体で四割に満たないという情報もある。戦闘機も同様で、中国空軍の「殲《せん》」シリーズの母体はロシアのスホイ戦闘機だが、ライセンス国産以外のエンジンはロシアでオーバーホールしているため稼働率が著しく低く、保有数どおりの戦力になっていない。ショーウインドウに一見豪華な玩具を並べているようなものである。

日本としては、彼らの行動を横目で見ながら「日本も原子力潜水艦を建造する用意がある」とでも言っておくことが優位戦思考による抑止力の発揮となる。

「歴史戦」の反撃強化で「新しい日本」が登場する

東アジアにおける地政学から考えると、近代以降の日本の不幸は、朝鮮半島と向き合っていることだ。対馬海峡の幅は約二百キロしかない。

近代日本が戦った日清戦争と日露戦争に共通するのは、朝鮮半島の安定が目的で、日本の脅威となるような事態が朝鮮半島に起こるのを防ぐためだった。明治維新を果たした日本から見れば、当時の清国と朝鮮には欧米列強の圧力を跳ね返す力がないばかりでなく、手をこまぬいていれば、自らの安全と独立が脅かされるのは間違いない状況だった。

したがって朝鮮半島とシナ大陸の問題に踏み込んでいかざるを得なかった。かりに清国と朝鮮に独立国として欧米列強に対峙できる力があれば、日本は我が列島の充実だけを考えていればよかった。

評論家の呉善花氏も、〈明治初期の日本の征韓論が、朝鮮侵略それ自体が目的ではなく、ロシアの圧力からの自国防衛に加え、真の狙いが中華主義に基づいた華夷《かい》秩序の破壊にあったこと。自らは政争を繰り返しながら、内には復古的専制主義を、外には強固な鎖国攘夷主義と中国への忠誠を取り続けた李朝は、日本からすればとても尋常な精神のものとは思えなかったにちがいなく、日本はそのように頑迷な隣国朝鮮の存在が国家の防衛上大きな障害であることを認識したのはやむを得なかった〉（渡部昇一氏との共著『日本と韓国は和解できない』PHP研究所）と語っている。

かつて福澤諭吉は、「脱亜論」（明治十八年『時事新報』）で「主義とする所は脱亜の二字に在るのみ」と主張し、「尊大な支那、事大の朝鮮、共に文明理を解せず、法治にあらざる国」と説いた彼らの本質は、残念ながらいまも変わらない。福澤の結論は、「以後、悪友はごめんです」といって付き合わないというものだったが、この選択肢はありである。

国家の目的は自存自立であって、国際親善はその手段の一つにすぎない。親善に努めても、それが我が国の「自存自立」に役立たないとしたら、交際をやめましょうというのはこちらの自由である。

韓国の朴槿惠《パククネ》大統領は、二〇一三年二月の大統領就任からずっと日本を非難してきた。外遊の先々で慰安婦問題の宣伝外交を続け、日本がいかに〝誠意〟のない国で、国際貢献を果たしていないかを強調し同調を求めてきたが、それは成功していない。

慰安婦像なる日本非難のモニュメントが韓国内だけでなく、アメリカのカリフォルニア州グレンデールやミシガン州デトロイト、オーストラリアのシドニーなどに建てられてはいるが、それは韓国の反日団体の活動に対する我が外務省の敗北主義が招いたともいえ、いわば「歴史戦」における日本の不戦敗である。日本が毅然《きぜん》と反撃していけば事態は変わる。

韓国の水原《スウォン》市の働きかけでドイツのフライブルク市が進めていた慰安婦像の設置計画が二〇一六年九月、フライブルク市の姉妹都市である愛媛県松山市の抗議によって中止された。

韓国メディアがフライブルク市での慰安婦像の設置計画を報道すると、それを知った松山市は、姉妹都市交流に支障をきたすおそれがあるとして、野志克仁《のしかつひと》市長が直接フライブルク市長に電話で中止を要請した。それに対してフライブルク市長が「像は設置しない」と応じたのである。

反論の先頭に立つべき外務省が及び腰で、これまで民間有志が国に代わって抗議の声を挙げてきたが、公的機関である自治体が加われば、「歴史戦」の反撃強化となる。「新しい日本」の登場である。

また、松山市がフライブルク市に対して慰安婦像設置が不当であることを訴えた根拠に、二〇一五年十二月の慰安婦問題をめぐる日韓合意を〝活用〟したのはまさに優位戦思考だった。

松山市は、水原市の像設置計画を進める民間組織が「日本の歴史歪曲《わいきょく》を外交的に圧迫する」と宣言していたことに、「日韓両政府が合意の履行《りこう》と問題解決に努力しているなか、像の設置はそれに反する行為で、市民の理解が得られない」とフライブルク市側に伝えた。

これは日韓合意の「最終的かつ不可逆的に解決」の内容を日本側が決め、それを第三国に理解させたことを意味する。松山市はお手柄で、外務省はこの「歴史戦」を戦った担当者の爪の垢を煎じて飲んでほしい。

韓国との接し方の選択肢はこちらにある

海外から日本に浴びせられる非難のほとんどは「戦後体制」が生み出した誤解と思い込みに基づくもので、その発信源は中国と朝鮮半島の「悪友」たちである。

戦争で弾薬や兵糧が乏しいのは不利な条件だが、「歴史戦」における反論の弾薬（事実）はいくらでもある。これまで摩擦回避を専らにして反論してこなかっただけで、世界に広く訴えていく戦いをいっそう力強く展開すればよい。

「善意は黙っていても伝わる」が日本人の心だが、それが通じない相手には「嘘はつくな」

と言い返す。安倍首相はその戦いを続けているが、首相のさらに前を行く「新しい日本人」が出てこなければならない。

昭和四十年（一九六五年）の日韓基本条約で決着済みのことを悉《ことごと》く反故《ほご》にしようとしている韓国との「友好親善」は必要か。

我々に必要なのは譲歩や摩擦回避を繰り返すことではなく「悪友はごめんです」という淡々とした決意で、世界はそうした日本の姿を見ている。

日本非難を繰り返してきた朴槿惠大統領はいま、友人の女性実業家への国家機密の漏洩《ろうえい》と国政への介入、さらには多額の公費流用疑惑をめぐって、すっかり求心力を失っている。

二〇一六年十一月十四日時点での支持率は五％しかない（韓国ギャラップの調査）。これは大統領支持率としては一九八七年の民主化以後、最低である。朴大統領の退陣を求める市民団体などがソウルの目抜き通りを埋め尽くし、その人数はソウル市の発表によれば百二十万人を超える。

問題が発覚した十月以降、連日新たな疑惑が報じられ、大統領府の元高官ら関係者が次々と検察の事情聴取を受け、逮捕者も出ている。批判は野党からだけではない。与党のセヌリ党の前代表からは離党を求められ、党の内部からは国政に関わるなという意見すら出ている状態で、まさに四面楚歌《しめんそか》である。

朴氏は同年十一月二十九日、国民向けの談話を発表し、「大統領職の任期短縮を含む進退問題を国会の決定に委《ゆだ》ねる」と表明したが、これには大統領の辞職規定を明記する憲法改正が必要で、憲法改正には国民投票などの高いハードルがある。

「私はすべてのことを手放しました。一日も早く、韓国が混乱から抜け出すことを願うばかりです」

朴氏が談話をこう結んだのは、自らが招いた疑惑に対して本気で責任をとる気はなく、国会に丸投げしたにすぎない。韓国の大統領は内乱罪などを除いて在任中は訴追されないが、退任や弾劾《だんがい》後の起訴は可能である。

朴氏の関心は、これからいかに逃げるかしかないように見える。韓国の混乱が続けば、ほくそ笑《え》むのは誰か。

日本との関係でも、二〇一六年十二月末で慰安婦問題の日韓合意は丸一年を迎える。日本が韓国の財団に十億円を拠出して「最終的かつ不可逆的な解決」をめざすことに野党や市民団体は反発している、日韓合意が韓国側から崩壊し、振り出しに戻る可能性もある。

日本側からすれば、やれやれ困ったという感じだが、これが韓国の姿である。日本はどのような距離感で韓国と接すべきか、自ずとわかる。ここでも、選択肢はこちらにある。

「北朝鮮はやがて内部から自壊する」という見方は甘い

さて、北朝鮮である。

朝鮮労働党委員長として金正恩《キムジョンウン》が牛耳《ぎゅうじ》るこの国は、二〇一六年一月に四回目、九月に五回目の核実験を強行して国際社会に「オレさまを無視するな」と存在を誇示した。

独裁者は常に周囲に敵をつくっておかなければもたない。それによって内部を統制し、自らの立場を守るのが常である。北朝鮮はこの体制を金日成《キムイルソン》、金正日《キムジョンイル》、金正恩と三代にわたって七十年近く続けてきた。

北朝鮮は、相変わらず「核による先制攻撃を行い、青瓦台（韓国大統領府）とソウルは痕《こん》跡《せき》もなく焦土化される」と威嚇《いかく》を続けている。

中国も金正恩には手を焼いているが、アメリカとの緩衝《かんしょう》地帯として北朝鮮をコントロール下に置き続けたい中国と、それを利用しながら生き残りを図り、あわよくば韓国を呑み込んでやろうという北朝鮮の独裁者とは利害の多くが一致している。だから、北朝鮮の核実験を中国は黙認している。北の核は恫喝外交の道具である。

だが、それが暴走しないという保証はない。韓国は同じ民族であるという意識からこれまでも往々、宥和《ゆうわ》政策をとり、とくに金大中《キムデジュン》、盧武鉉《ノムヒョン》政権の時代は「太陽政策」などといって北朝鮮に甘かった。

この間《かん》、北朝鮮は着々と核開発を進め、盧政権の二〇〇六年十月に初の核実験を強行した。それから十年が経ち、北は核の小型化と弾道ミサイルの技術を向上させた。金正恩はいくら失敗を重ねても、発射を繰り返している。

一方で、北朝鮮の秘密警察、国家安全保衛部の局長級の幹部が二〇一五年、韓国に亡命したという報道もある。国家安全保衛部は住民を監視し、反体制分子を摘発する機関で、金正恩政権で粛清《しゆくせい》を進めてきた。

韓国の情報機関である国家情報院（国情院）によれば、金正恩体制は二〇一六年一～九月のあいだに六十四人の反体制分子を公開処刑したという。しかも金正恩氏はこのところ身辺の安全に不安を感じ、警護用に爆発物や毒物の感知装置を新たに導入し、視察など外部活動も頻繁に計画の取り消しや変更がなされ、国家安全保衛部の幹部の亡命という異例の事態にも金氏は動揺し、「ついに保衛部まで逃げ出した」と不快感を示したことを韓国メディアは報じている。

亡命幹部は平壌《ピョンヤン》での民心動向の把握が担当で、金氏に対する平壌市民らの感情が悪化していると韓国当局に証言したという。だが、これはどこまで本当かわからない。金一族への民心の離反はこれまでも度々伝えられたが、「北朝鮮のように人民に貧困を強いる体制が長続きするはずはない」「やがて内部から自壊する」という見方は甘い。

それは日本やアメリカのような豊かな国の発想で、彼らは豊かさを現実に経験したことがないから、彼我《ひが》を比べて貧しいという実感に乏しい。北朝鮮の人民が餓死する前に反乱を起こすというのは、民主主義国に住む人間の希望的観測である。

北朝鮮をはじめとするアジアの不安定要因に対するオバマ政権の姿勢は、シリアへの対応に見られたのと同じく、毅然とした姿勢に欠けた。現実には空軍や海軍の戦力を削減し、硬軟両方の姿勢をとってきたといえば聞こえはいいが、実際に守るべき原則のないものだったといえる。

その結果、北朝鮮はオバマ政権のあいだに合計四回の核実験を強行した。「核なき世界」を訴えてノーベル平和賞を受賞したオバマ大統領にとっては痛烈な皮肉である。

北朝鮮問題に対して日本が取り組むべき六つのこと

日本にとって、北朝鮮をめぐる情勢は良くなっていない。核の保有を誇示する北朝鮮が、兵器化を完成して実戦配備するのは間違いない。

そのとき日本はどう対応するか。北朝鮮問題に対して日本に足りないのは、「決断」である。日本は〝その気〟になりさえすれば、独力でも対応できる。

安倍首相になって北朝鮮に対する日本の意志の表明は強化された。まずは何に取り組むかである。日本人拉致《らち》問題の解決、被害者の救出をめざすなら、各省庁が可能なかぎりの職責を果たすだけでも金正恩をテーブルに着かせることができる。列挙してみよう。

第一は、経済産業大臣の権限で北朝鮮向けの輸出や輸入をコントロールする。北朝鮮の態度いかんで水道の蛇口を開けたり閉めたりすればよい。

第二は、金融庁が北朝鮮への不正送金を止める。北朝鮮系の金融機関の救済に公的資金を投入したのだから、経営陣の日本人化をいっそう進める。不良債権の返却も徹底して求める。

第三は、外務省や法務省が出入国管理を徹底する。

第四は、国税庁が正しい課税を行う。地方自治体も北朝鮮系施設への固定資産税の減免をやめる。

第五は、警察庁や海上保安庁が麻薬、覚醒剤の取り締まりをさらに強化する。

「これらはすでにやっている」と官僚たちは言うが、徹底の度合いが足りない。これは協議や交渉のためにするのではない。

拉致被害者を日本に帰国させなければ〝金王朝〟は崩壊する、日本はその引き金をはっきりと引く、日本は紛れもなく本気だと金正恩に思わせることが必要である。

したがって第六に、軍事的オプションを準備しておく。アメリカの偵察衛星の情報をもとに陸海空の三自衛隊を投入した「奪還」作戦を立てるのである。

人道問題でもある以上、アメリカは最低限情報の提供には応じる。命を懸けるのは日本の〝軍人〟たちである。

自衛隊の幹部に、「もし下命されたらできるか」と訊《き》いたことがある。彼の答えは「政治が決断しさえすればできる」というものだった。日本には力がないわけではない。

「対話と圧力」を真に有効ならしめるためにも、〝衣の下の鎧《よろい》〟を見せるのがよい。安倍首相がこれまで以上に強い決意を示し、国民世論が盛り上がりを見せれば、金正恩は対応を変えざるを得ない。

この機会はあった。平成十四年九月に小泉首相が訪朝して、当時の金正日総書記が拉致犯罪を認めたときである。

お人好しの日本人も、あのときは憤怒《ふんぬ》に燃えた。あのとき、その国民の情念を小泉首相が強力な北への政治的圧力として束《たば》ねていたら……金正日はそれを恐れたに違いなかった。

戦前の朝鮮半島との関わりにおいて今も奇妙な贖罪《しょくざい》感を負っている日本人がいるが、拉致問題に関してそれは不要である。北朝鮮の独裁体制に日本が独力でも対応するのに足りないのは強い意志で、政治家や官僚の多くが「国際協調のなかで解決」とか「アメリカに頼るしかない」とか思い込んでいてはならない。

それは日本の実力を自覚せぬまま思考停止に陥ることである。北朝鮮は日本の対応を見ているから、常に日本を飛び越えてアメリカと話をつけようとする。日本は、自らを等身大に映る鏡に映し、決断をすればよい。

北方四島返還交渉は長期戦でいい

安倍首相は平成二十八年十二月十五日、山口県長門市でロシアのプーチン大統領との首脳会談に臨む。平和条約締結後に北方領土の歯舞《はぼまい》、色丹《しこたん》両島を引き渡すと謳《うた》った「日ソ共同宣言」の署名から、六十年目という節目の年に行われる会談で、先の大戦末期に旧ソ連によって不法占拠されたままの日本固有の領土である北方四島が、返還に動き出すのかどうか。

本書が世に出る頃には会談の成果の有無が明らかになっている。安倍首相とプーチン大統領の個人的な親密さや友情といったものがどれほど当てになるか。安倍首相もそれは十分承知で交渉に臨むと思う。

北方四島の返還問題について日本国民は長期的な視野と忍耐を持つ必要がある。一幕芝居と考えてはいけない。

二〇一六年八月に公表されたロシア国内の世論調査では、一島も日本に返還すべきではないという回答が五六％に上った。また、十一月初めに来日したマトビエンコ上院議長が、北方四島の主権を日本側に引き渡す考えはないことを表明するなど、日本からできるだけ巨額の経済援助を引き出し、自分たちの懐は一切痛めない、つまり譲歩しないことが最善だというのがロシアの本音である。甘い願望は禁物で、プーチンもそう考えている。

日本がロシアに経済協力をするのは、あくまで平和条約締結交渉の進展と北方領土の返還が目的であることをプーチンとロシア国民にわからせなければならない。

平成二十八年十二月の会談で打開策が見出せなければ、安倍首相は経済協力を「食い逃げ」されたという批判を浴びることになる。政府部内には、経済協力は日露双方に利益があると強調する向きもあるが、国家主権を棚上げしての利益など一時的なものでしかない。

現在のロシアは長期に及ぶ資源価格の低迷や、ウクライナへの軍事介入に伴って受けている経済制裁によって、経済的にかなり苦しい状態である。天然ガスや鉱物などの開発資金も不足している。資源に恵まれながら資金不足で開発が難航する案件も少なくない。

日本からの援助は喉から手が出るほどほしいはずである。だが、それに応えても、それがロシアへの貸しとなる保証はない。

嫌がらせと脅しは、長い〝伝統〟を持つロシア外交の常套《じょうとう》手段で、日本がそれに動揺し、先行譲歩をすれば、彼らはさらに押し込んでくる。

日本は毅然《きぜん》と条件をつけなければならない。それに表面的には反発してみせるかもしれないが、「日本には必要な譲歩はしなければならない」とロシア側に思わせるまでの粘り強さを発揮する必要がある。

この粘り強い交渉に期限はない。安倍首相は自分の任期中にと考えているかもしれないが、日本国家として期限にこだわることは、こちらが焦っているというシグナルをロシア側に送ることになる。

早期妥結なら嬉しいが、納得できる結果が大事で、日本はそれを最も欲するという態度が肝要である。

日本人はいくら時間がかかろうが、けっして北方四島の返還を諦《あきら》めないという意志の持続が大きな力となる。

具体的に見れば、安倍氏の自民党総裁任期は三期九年に延びた。プーチン氏もよほどの事態の変化がないかぎり、二〇一八年の大統領選挙に勝利するだろう。安倍首相は十二月の会談で、瞬間的な丁半博打《ばくち》の賭けに出るような必要はない。

長期戦でいい。短期の成果を求めていると足元を見透かされてはならない。日本国民は、「日本国家の歩みは〝終わりのない芝居〟」と考えればよい。これまでに何幕もあり、これから先も何幕もある。

第九章

さまざまな分野で活躍する「新しい日本人」

これまで政治や外交、経済といった視点から「新しい日本」と「新しい日本人」について語ってきた。読者には堅苦しい話も多かったかもしれない。ここで、私の目にとまった「新しい日本」の現象、「新しい日本人」の活躍について述べてみたい。

東日本大震災とそれに付随した東京電力福島第一原子力発電所の事故は、理不尽に襲いかかってきた自然の脅威である。「被害規模の大きさに、想定外は言い訳にならない」と言った識者もいたが、自然が牙を剝《む》いたときの強大な力が人間の予測内におさまると考えるほうがおかしい。備えは不可欠だが、それを超えたときに人間が持ち得るのは、ただ立ち向かっていく気概だけである。この有無こそが人間の生存の可能性を決める。

直感力のある人が理解した昭和二十九年の『ゴジラ』

平成二十八年夏、『シン・ゴジラ』（東宝・庵野秀明総監督）という映画が公開され、同年十月下旬までに全国で四百二十万人以上が観たという。

私が「ゴジラ」という名を記憶したのは昭和二十九年（一九五四年）のことである。同年十一月、『ゴジラ』というタイトルで、スクリーンにこの怪物が初めて登場した。

太平洋上で日本の貨物船が原因不明の沈没事故を起こす。救助に向かった大戸島の漁船も遭難して沈没する。「何かに襲われた」と証言する生き残りの漁師に島の古老はこう言う。

「呉爾羅《ゴジラ》の仕業だ」

そのゴジラが大戸島に上陸する。ゴジラの猛威は止まらず、ついに東京湾に姿を現し、上陸するや街々を破壊しつづける……。

昭和二十九年の三月、静岡県焼津港所属のマグロ漁船「第五福竜丸」が南太平洋マーシャル群島ビキニ環礁《かんしょう》付近で操業中、アメリカの水爆実験によって乗組員二十三人が被爆した。重症の二人が東大による検査の結果、原爆症と診断され、ゴジラ登場二カ月前の同年九月、無線長の久保山愛吉が死去した。米政府は遺憾《いかん》の意を表明し、この事件を契機に原水爆禁止運動が日本国内で本格的に始まった。

ゴジラもまた、原水爆の申し子だった。ジュラ紀の恐竜を思わせる姿に計り知れない力と狂暴性を秘め、何より原水爆実験の放射線を全身に浴びながらも、それをエネルギーとして自らの武器に変え、破壊の限りを尽くす。

ゴジラの脅威は、核の恐怖を具現化したもので、紛れもなく人類が自らに向けて生み落とした、究極の皮肉である。架空の存在でありながら、ゴジラはその怪異なキャラクターと人類へのパニッシュメント（懲罰）というメッセージにおいて世界に衝撃を与えた。

こうした社会的なメッセージを内包した作品だったが、斯界《しかい》の評論家たちは当初、ただの

「ゲテモノ映画」とこき下ろした。しかし〝普通の日本人〟は何事かを感じ取り、封切り直後から映画館は溢れんばかりの満員。観客動員数九百六十一万人という大ヒットとなった。

直感力のあった人がゴジラの意味を理解した。ゴジラはただの怪物ではなく、被爆体験を持つ日本人の心情と、西欧科学文明に対する神道《しんとう》的な世界観（原始自然）からの懲罰というモチーフのうえに造形された。架空の物語だが、『大戸島実記』という伝説によってゴジラは〝神性〟を帯びている。

放射能光線を吐き、容赦《ようしゃ》なく街を破壊するゴジラは、人類が生みだした水爆によって生まれた怪物だが、同じく人間が開発した「オキシジェン・デストロイヤー」という、水中で使用すると周囲の酸素を破壊する作用を持つ兵器によって海底の藻屑《もくず》と化す——。

歳月を経て、ゴジラは海を渡った。『GODZILLA』としてハリウッド映画になり、世界的な一大キャラクターになった。

「新しい日本人」の戦いを描いている『シン・ゴジラ』

第一作から六十二年、平成二十八年夏に日本に襲来したゴジラは、国内シリーズとしては初めて、第一作を踏まえない作品で、日本人にとってリアルな東日本大震災の記憶や核の脅威などを想起させる新しいメッセージを携えていた。それは「国難に対処する日本人の姿」である。

もちろん、第一作でもゴジラと戦う日本人は描かれていた。自衛隊も登場する。だが、そこに現実政治のリアリティはなかった。独立回復間《ま》もない時代で、日本はまだ完全にアメリカの保護下にあり、あくまで架空の物語として「反核」のメッセージを構築していた。

ところが『シン・ゴジラ』は、「ニッポン対ゴジラ」というキャッチ・コピーにあったように、ゴジラの襲来《しゅうらい》という想定外の危機、国家の存亡に関わる事態に直面した日本政府が、現在の法体系のもとでいかに対応していくかが克明に描かれた。

東京湾アクアトンネルが突然崩落し、首相官邸での緊急会議で、原因を地震や海底火山とする学者たちの声が大勢を占めるなか、矢口蘭堂内閣官房副長官が巨大生物の可能性に言及する。そして海上に出現した巨大生物はゴジラだった。外国による軍事攻撃でも、地震でもないゴジラによって東京が破壊されていく。

官邸に緊急災害対策本部が設置される。住民に避難指示が出され、東京都知事からの治安出動や有害鳥獣駆除《くじょ》が要請される。初の防衛出動が下令される。無制限の武器使用が許可される……。

映画が描いた展開はリアルに感じるが、東日本大震災において民主党内閣は安全保障会議すら開催しなかった。『シン・ゴジラ』は明らかにそれを踏まえて、教訓を汲《く》んだ「新しい日本人」の戦いを描いている。

監督の樋口真嗣《しんじ》氏は、「3・11は今の日本を構成する大きな要素の一つ。国難のとき、住民を守り、支えてくれる人々に興味があった。真面目に仕事に取り組む人々を、真面目に描きたかった」と語っている。

だからだろう、登場する政治家や官僚、自衛官らは揶揄《やゆ》されることもなく、事態に翻弄《ほんろう》されながらも懸命にゴジラに立ち向かっていく。

現実の国際政治も取り入れ、日本が独力でゴジラの脅威《きょうい》を封じ込められないのなら、殲滅《せんめつ》のために核兵器を使用するという動きも描かれる。

それを主導する米国に対して日本政府の高官が不快感を示しながら、「属国」だから仕方ないと半ば諦める場面もある。

だが、「新しい日本人」による日本政府は諦めない。ゴジラという暴走する核エネルギーの怪物を破壊するのではなく、独自に〝凍結〟してみせる。核攻撃の時計の針は、そこで停止する。ここに現れた作者（庵野秀明氏）のメッセージは重層的である。

一つは、日本には力があるということ。そして核エネルギーは人類を破滅させる脅威かもしれないが、あるいは福音《ふくいん》かもしれない。だから破壊ではなく凍結する。ゴジラを凍結しているかぎり、核攻撃のオペレーションは発動されない。また理由はどうあれ、我々は二度と自国に原爆を落とさせはしない。絶対に防ぐ。事態のカギは日本が握っている――という日本人の強い意志が示されている。

さらにゴジラを凍結させたことは、日本はまたそれをいつでも解除できるということでもある。これはおそらく作者も意識していないだろうが、日本は理不尽な暴力には報復の手段を持っている。ただ使用を留保しているだけだという暗喩《あんゆ》ではないかと私は思っている。

庵野氏の出世作『新世紀エヴァンゲリオン』で、エヴァが身につけているのがプロテクター（防具）ではなく、自らの力を制する拘束具《こうそくぐ》だったことからも連想できる。

自然の脅威であれ、軍事的な脅威であれ、ゴジラが体現したものはいろいろある。一人ひとりの人間は小さな弱い存在だが、ただ弱いだけではない。共同体をつくり、力を結集して、それに立ち向かっていく知恵と術《すべ》を持っている。この映画では自衛隊の存在がそれを表している。

「自衛隊は、この国を守ることができる最後の砦《とりで》」という台詞《せりふ》が出てくる。東日本大震災や熊本地震を思い返し、この台詞を万感の思いで受け止めた観客は少なくないと思う。そして、それが「新しい日本人」である。

国内のみならず海外でも高い評価を受けている『君の名は。』

もう一本、映画の話をしよう。

これも平成二十八年夏に公開され、本書執筆中の十一月半ばになっても全国上映が続いている『君の名は。』（東宝・新海誠監督）というアニメーションである。

十月初めの時点で観客動員は一千万人を超え、興行収入も二百億円を超えることが確実視される大ヒット作だが、私が注目したのは、この作品も東日本大震災以後に変化した日本人の姿が描かれているからである。

東京に暮らす少年・瀧《たき》と飛騨《ひだ》の山奥で暮らす少女・三葉《みつは》の身に起きた〝入れ替わり〟という不可思議な現象と、千二百年ぶりに地球に接近する彗星《すいせい》をめぐる時空を超えた奇跡を、まことに美しい映像によって綴っている。

脚本・監督の新海誠氏は「僕らの人生の先に可能性があると強く伝えたかった」と語っているが、東日本大震災という巨大な喪失《そうしつ》を乗り越えての「人生の可能性」という物語に多くの人たちが感動したのだと想像する。

瀧の住む東京は都会だが、ヒロイン三葉が住むのは架空の田舎町だ。飛騨高山をイメージしたらしいが、リアルに描かれている。日本には都会もあれば田舎もある。

さらに新海監督は、小野小町《おののこまち》の和歌「思ひつつ 寝ればや人の 見えつらむ 夢と知りせば 覚めざらましを」(『古今和歌集』)と、男児を「姫君」として女児を「若君」として育てる『とりかへばや物語』という平安時代後期の物語から着想を得て設定に盛り込んだという。

つまり『君の名は。』というアニメーションには、古い日本と新しい日本、過去と現在と未来が折り重なって存在している。

絵があってキャラクターがあってアニメーションは始まるが、日本人はそこに時の流れを入れ込んだ。物語のなかで登場人物が成長する。そして時間が入ると、ストーリーになる。

以前述べた、ラテン語で「時間軸によって並べられた出来事」になる。千二百年前の彗星は、日本人の時間感覚の中で違和感がない。それと比べて、絵とキャラクターだけでできあがっているのがアメリカのコミックである。

『君の名は。』はすでに、海外でも高い評価を受けているらしい。

世界の子供たちに愛されている『ポケモン』『ONE PIECE』

アニメーションの世界は日本の作品が主流となって久しい。相手国の文化や価値観に影響を与えていくこうしたソフトの力は、長期的に見れば統計数字などには現れない、数値化できない大きな影響を与える。

たとえば『ポケットモンスター（ポケモン）』は登場して二十年が経つが、国内外での人気はいまもきわめて高い。夢中になってポケモンを見た世代が大人になっている。

かつてアメリカ滞在中に招かれたホームパーティーで、こんな話を聞いたことがある。

海外出張の多い父親に子供が寂しさを募《つの》らせていた。もっと家にいてほしいとせがまれ、彼もそろそろ仕事を変えようと考えていたが、日本に出張することになった。そこで「お父さんが今度行くのはポケモンの国（日本）なんだよ」と言うと、子供は目を輝かせて、「えっ、本当？　それなら行ってらっしゃい。その代わりポケモンのおもちゃをたくさん買ってきて」と明るく送り出してくれたという。

アメリカの家族の中で、ポケモンがどんな存在かがうかがえる。ポケモンは、アメリカに上陸してから二世代にわたって受け入れられている。

ポケモンにかぎらず、日本のアニメーション、もっと広く日本のポップカルチャー全般の世界への浸透を考えれば、日本の外務大臣が国連でポケモンを話題に演説しても少しもおかしくない。ポケモンはアニメに関するあらゆる記録を破って登場したのだから、知らぬは日本人ばかりかもしれない。

受験秀才として勝ち上がって政治家や官僚になったような人間にはそうした発想力、柔軟性はないだろうが、諸外国の国民に向けてメッセージを発しようとしたら、ポケモンの世界観、哲学をふまえて日本の主張を展開することは何ら荒唐無稽《こうとうむけい》ではない。

では、ポケモンの哲学とは何か。物語の結末を見ると、みんなで話し合って、わかり合って、許し合って、涙を流して……というものが多い。

『ONE　PIECE』(ワンピース)という漫画も似たところがある。海賊となった少年ルフィを主人公とする海洋冒険ロマンだが、仲間たちとの友情が基本テーマで、仲間をけっして見捨てない、また戦い終わったら相手とも心を通わせるという物語である。海外では翻訳版が三十五以上の国と地域で販売され、海外でのコミックス累計発行部数も六千万部を突破している。

日本人がつくる物語の特長を、この二つの作品はよく表している。結末が爽《さわ》やかなのである。

だが、たとえばアメリカが活劇をつくると、最終的には神と悪魔の戦いのような善悪二分法の世界となって、悪を倒す戦いも皆殺しや殲滅《せんめつ》となる。お互いがわかり合う、許し合うという結末はあまりない。アメリカの子供たちは和解という結末があり得ることを『ポケモン』や『ONE　PIECE』で知り、それまでのアメリカ人とは異なる価値観、考え方に触れるようになった。

日本人は、戦って勝ち獲《と》ったものは長続きしないことを無意識のうちに知っている。だから、なるべく仲良くしようとする。

お人好しは、日本では美徳である。そういう日本人を理解せずに怨《うら》みに思って仕返ししてくる人たちにはそれなりに対応しなければならないが、日本人はそこにある種の空《むな》しさが伴うことを知っている。

もちろん、日本のアニメーションにも暴力的で平和的でないテーマや結末の物語はたくさんある。『第三の波』の著者アルビン・トフラー氏と食事をしたとき、彼が「日本のアニメーションはセックスと暴力場面が過激で、子供の精神に悪影響を与える」と言うので、私はこう反論した。

「日本は一年間にアニメ作品を数千本も制作している。テーマも描写も多様である。上品なもの、ほのぼのとしたものから、暴力やセックスを描いたものまで日本には全部そろっている。その中から、あなた方がセックスと暴力をテーマにした作品ばかりを買っているのではないか。あなたたちのほうが偏《かたよ》っている。日本のアニメーションを全部見てから意見を述べるべきである」

トフラー氏は、「とても合理的な説明だった」と理解してくれたが、日本の外務省もこのくらいの説明ができなければ存在意味がない。だが外務省が何もしなくとも、たとえば『少年ジャンプ』のモットーである「友情・努力・勝利」という価値観は、その作品を通じて世界の子供たちのあいだに広がり、愛されている。

リオ五輪でのもう一つのメダルは「安倍マリオ」

リオデジャネイロ五輪の閉会式で、日本は次回開催の二〇二〇年東京五輪をアピールするため、「LOVE SPORT（スポーツ大好き）」をテーマに、スーパーマリオブラザーズのマリオやハローキティ、ドラえもんなど世界に知られたゲームやアニメキャラクターを、最新の映像技術を駆使《くし》して次々と登場させた。

東京からリオデジャネイロに日の丸を象徴した赤いボールをリレーする場面では、ドラえもんが「ひみつ道具」の土管《どかん》で地球の裏側のリオまでつなぐ設定で、実際にフィールドに設けられた土管から安倍首相がマリオに扮《ふん》して登場した。

このサプライズは世界のメディアの話題をさらったが、それも日本のアニメーション文化の世界への浸透が背景にある。

〈英BBC放送は電子版で、安倍マリオが土管の中から登場する複数の写真を掲載。「安倍首相の登場は、さまざまな論争に悩まされていた東京五輪に対して、好意的な報道をもたらした」と伝えた。

米誌『タイム』は、「ソーシャルメディアのユーザーたちは、普段は無表情に見える首相が陽気な楽しい役柄を演じることに驚き、すぐに熱狂した」と伝えた。

韓国紙『朝鮮日報』の日本語版は「3時間の閉会式に8分間の強烈インパクト」との見出しで、日本は「憎らしいほど楽しく平和のメッセージを伝えた」と報じた〉（平成二十八年八月二十四日付『産経新聞』）

リオ五輪で日本が獲得した四十一個のメダルは過去最多だったが、閉会式での「安倍マリオ」は、それにもう一つのメダルを加えたといえる。

世界の体操界が尊敬する内村航平選手の凄さ

リオ五輪では「新しい日本人」による、日本らしさの勝利を見せてもらった。体操男子団体や陸上競技の男子四〇〇メートルリレー、競泳男子八〇〇メートルリレー、バドミントン女子、さらにお家芸の柔道である。

団体戦での戦いは、まさに日本人ならではの共助とバランスがあった。各々の選手が日夜鍛錬《たんれん》し、力をつけたことは間違いないが、それでも体格や筋力で劣る日本人は「劣位戦」を覚悟しなければならない。

その現実を見事に克服してみせたのが、陸上男子四〇〇メートルリレーでの銀メダルだった。出場した四選手の持ちタイムの合計では表彰台は無理と思われていたのが、抜群のバトンパスで他のチームを引き離した。

世界陸上のメダリスト為末大《ためすえだい》さんによれば、「日本チームの下手《したて》で渡すバトンパスは加速に優れた方式として十五年ほど前から研究していた。今回はその集大成だ」という。

アンカー勝負で日本選手の真横のレーンを走って優勝したジャマイカのボルト選手も、日本のバトンパスに驚いたと率直に認めた。

一〇〇メートルを九秒台で走る選手が一人もいないのに、四人の合計タイムでは堂々の世界二位。個々の走力を補う日本人ならではのバトンパスの精度と相互の信頼感の勝利である。

体操男子団体は、一九六〇年のローマ五輪から五連覇《れんぱ》の偉業もあるが、リオはアテネ以来三大会ぶりの優勝だった。エースの内村航平《こうへい》選手は日本の伝統を「手足の指先まで神経が行き届いた美しい演技」にあるとし、それに磨きをかけた。

その美はアテネ五輪のエース冨田洋之から内村へ、そしてその内村に憧れて努力を続ける最年少の白井健三へと引き継がれている。「美しい体操」は日本が確立した価値であり、世界がそれをめざしている。

内村選手は個人総合でも四十四年ぶり、史上四人目の連覇を達成した。内村はトップと〇・九〇一点差で迎えた最終種目の鉄棒で完璧《かんぺき》な演技を見せ、大逆転勝利を飾った。二位は〇・〇九九点という僅差《きんさ》でウクライナのオレグ・ベルニャエフ選手だった。

メダリスト会見では世界大会八連覇の内村に対し、海外メディアの記者から「あなたは審判に好かれているのではないか」という意地の悪い質問が飛んだ。内村は「まったくそんなことは思ってない。みなさん公平にジャッジをしてもらっている」と淡々としていたが、なんと銀メダルのベルニャエフ選手が記者の質問に「審判も個人のフィーリングは持っているだろうが、スコアに対してはフェアで神聖なもの。航平さんはキャリアの中でいつも高い得点をとっている。それは無駄な質問だ」と不快感を示したのである。

銅メダルのマックス・ウィットロック選手（英国）も、「（内村さんは）大変素晴らしい。彼は皆の手本だ。今日の最後の鉄棒の演技には言葉がない。クレイジーとしかいえない」と語り、ベルニャエフ選手も「航平さんを一所懸命追っているが簡単ではない。この伝説の人間と一緒に競い合えていることが嬉しい」と賛辞を重ねた。

銀銅の両メダリストに挟まれた内村はただ気恥ずかしそうに笑《え》みをたたえていたが、この会見は競技における勝利以上の友情とフェアネスを伝える結果になった。これも、世界の体操界が尊敬する内村航平の凄さである。

大野将平選手の優勝は金メダル以上の価値がある

「美しさ」といえば、柔道男子七三キロ級の金メダリスト大野将平選手も見事だった。

全五試合のうち四試合で一本勝ちした内容もさることながら、鋭《するど》い小内刈《こうちが》りの一本で優勝を決めてもガッツポーズなどはせず、深く礼をし、畳を下りるまで笑顔一つ見せなかった態度が美しかった。大野は「柔道は相手への尊敬や敬意、日本の心を見せられる場です。気持ちを抑え、冷静に綺麗《きれい》な礼ができた」と述べたが、大野選手の柔道は、「ＪＵＤＯ」ではない「柔道」の美しさと強さを改めて見せてくれた。

柔道男子は前回のロンドン大会で、五輪史上初の金メダルなしに終わった。その後も連盟の不祥事などが続き、いわば背水の陣で臨んだリオ五輪だった。

大野の優勝は、金メダルを取った以上に「柔道」の復権に意味がある。日本柔道の理念は、世界ＪＵＤＯの、ある種の商業主義やスポーツ化に迎合《げいごう》しすぎてきたのではないか。「自他共栄」は、嘉納治五郎《かのうじごろう》が柔道の精神として教えたことで、勝つことのみに意味があるのではない。だが、負けては日本の精神や価値観は伝わらない。大野は勝つと同時に日本の精神を示した。

こうした体操男子団体や柔道の大野選手の活躍は、日本の国柄《くにがら》の本質を「新しい日本人」が示してみせたのである。

日本人の「情緒」を込めて開発されたスーパーコンピュータ

コンピュータ技術の世界でも、「新しい日本人」が活躍している。

本書の担当編集者が、齊藤元章著『エクサスケールの衝撃──次世代スーパーコンピュータが壮大な新世界の扉を開く』（ＰＨＰ研究所）という本を送ってくれた。本書のような通常の単行本より大判で、六百ページ近い大部の本である。

本の帯には、〈「エクサスケール・コンピューティング」によって、すべてが変わる〉と大書されている。エクサスケールとは単位のことで、簡単にいえばスーパーコンピュータ「京《けい》」の百倍である。過去にスーパーコンピュータ（スパコン）のランキングで世界第一位に輝いた「京」の百倍の演算処理能力を持ったコンピュータが「エクサスケール・コンピューティング」と呼ばれるらしい。

では、その「エクサスケール・コンピューティング」が実現すると、何が変わるのか。難しい説明を省いて列挙すると、こうなる。

◦世界のエネルギー問題、食糧問題が解決する
◦衣食住が完全にフリー化する
◦「生活のために働く必要がない社会」が到来する
◦「老化」から解放され、「不老」の体を手に入れられる

まるでドラえもんの世界の話で、にわかには信じがたいかもしれない。私も当初は「本当か?」と思ったが、うなずきながら読み進めることができた。

インターネット上でも多くの読者がこの本に衝撃を受けたようで、先述の担当編集者がその感想文を見せてくれたが、私もほぼ同じことを感じた。

ある読者は、こんな感想を述べていた。

「億単位の大量データを並列計算で瞬時に学習するエンジンが至るところで作動しはじめるようになれば、人の実行スピードがボトルネックになるので、人を介在《かいざい》させないほうがいいし、人がサービスを実行する意義がなくなる。一方で、仕事がなくなることを恐れる話が出るが、すべてがフリー化してしまえば、働いてその対価を得る必要もなくなる。そして、計算機の中で、重大な病気が分子レベルで解明され、不老の体を得られるならば、悪いことはないと思えてくる」

昨今、巷《ちまた》で聞かれるＡＩ（人工知能）の議論でも、「人間の仕事が機械にとって代わられて失業し、稼ぎ場がなくなるのではないか」と心配する声があるが、それは狭い見方だと思う。

そのような環境になれば、「時間がたっぷりあるなかで、これから何にチャレンジしようか」と考えてもいいし、おそらく機械にはとって代わられない文化・芸術の分野で自分の可能性を試してみるのも楽しい。

大阪大学名誉教授の猪木武徳氏が平成二十八年十月六日付『産経新聞』の「正論」欄（「ＡＩだけで社会は成り立たない」）で書いたことには、一つのヒントが示されている。

〈例えば、ＡＩに小説を書かせるという試みがあった。優れた小説というのが「新しい人間像」の創造、という点にあるとすれば、ＡＩが真の文学を生み出すことはないだろう。既存の小説の主人公に似せた人物造形に終始することはできても、人間の謎や知られざる真実を浮かび上がらせることはできない。ＡＩは自分自身が知らないことを「発見」できないのではないか〉

私なりの言い方をすれば、ＡＩには「情緒」がない。その点、日本人は世界でも有数の「情緒」の持ち主である。だから、エクサスケール・コンピューティングやＡＩの時代に、豊かで幸せな人生を送れると私は確信している。

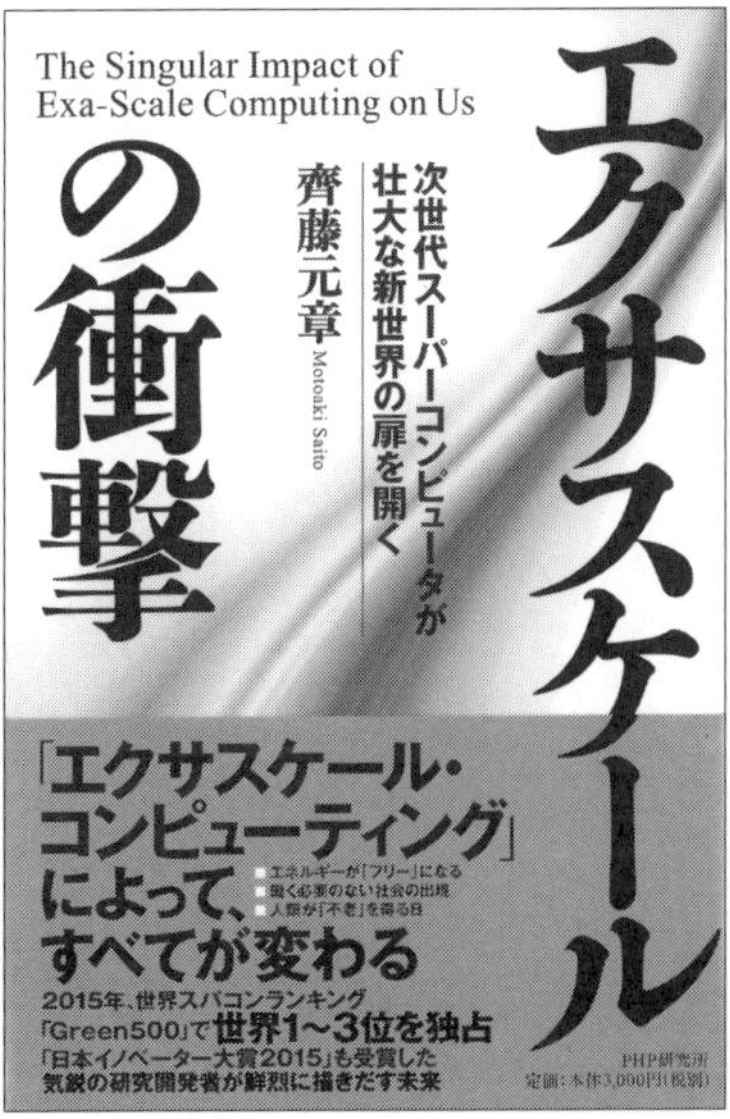

齊藤元章著『エクサスケールの衝撃』

実は先述の『エクサスケールの衝撃』を読んで最も感心したのは、著者の齊藤元章氏が、医学博士でありコンピュータ技術開発者でありながら、〝技術秀才〟ではなく、〝情緒の人〟だと感じたからである。

齊藤氏は一九九〇年代後半、米国シリコンバレーに医療系システムおよび次世代診断開発法人を創業したが、東日本大震災を機に、海外での研究開発実績と事業経験を日本の復興に活かすために拠点を日本に戻す。そして二〇一五年の世界スパコンランキング「Green500」では、開発したスパコンが世界第一位〜三位を独占している。

著書の中で齊藤氏は、こう綴る。

〈我々日本人こそが、次世代スーパーコンピュータの積極的開発で世界を牽引《けんいん》し、そしてその成果をまずは日本においてかたちにし、その次には、その恩恵を世界中のあらゆる国々に遍《あまね》く行き渡らせることが必要であると考えている〉

齊藤氏が開発するスーパーコンピュータには、日本人の「情緒」が込められている。

「ディスコの力」で日本と世界を元気にしたい日本人DJ

先述の担当編集者が、「いま四十〜五十代のあいだで第三次ディスコ・ブームが起きているのですが、その仕掛け人である現役DJに本を書いてもらいました。お時間がある際に、ぜひ、ご一読ください」と、また別の本を送ってきた。

「DJ　OSSHY」を名乗るDJ（ディスク・ジョッキー）が書いた『ディスコの力』（PHP研究所）という本である。私は「ディスコ」なる場所へ足を運んだことがないが、担当編集者がわざわざ本を送ってきたので、「はて、何のことやら」と思いながらも通読した。

DJ OSSHY著『ディスコの力』

読んで初めて知ったのは、日本では一九七〇年代末〜八〇年代全般にかけて空前のディスコ・ブームで沸いていたことである。日本経済が高度成長を経てバブルへ向かう時期と重なっていて、その時代にディスコで遊んでいた若者を、OSSHY氏は自身も含めて「肉食世代」と呼んでいる。物欲や消費意欲が乏しいとされる最近の若い男性が「草食世代」と呼ばれるのと対照的で、言い得て妙である。

読みながら、「バブル期には、東京・港区芝浦海岸地区は〝ウォーター・フロント〟なんて呼ばれて、派手な服装をした女性が扇子を振りながら台の上で踊っている映像を見たことがあるな」と思い出したが、そんな光景はバブル経済の崩壊とともに、私だけでなく世間の視界からも姿を消したらしい。一九九〇年代以降、「ディスコ」は死語となったそうである。

ただ、学生時代からディスコの現場でDJを務めていたOSSHY氏は、大学卒業後に就職してからも「二足のわらじ生活」でDJ業を継続し、二〇〇〇年代中頃には第二次ディスコ・ブームの立役者の一人となる。そして二〇一〇年代からの第三次ディスコ・ブームでは、日本全国のさまざまな場所でディスコ・イベントを企画・開催し、〝仕掛け人〟として各メディアからも注目されているらしい。

私はDJなる職種の知り合いはいないから詳しいことは知らないが、読んで感心したのは、彼がたんなるノスタルジーに浸ることなく、ディスコというコンテンツの魅力を新しいかたちで広げようとしていることである。

たとえば、現在のブームの主役は四十～五十代のバブル世代である。彼らの多くは家庭があり、子供もいる。なかには、「たまには昔を懐かしんで踊りに行きたいけれど、家族を放って遊びになんか行けない」と諦めている父親や母親がいるかもしれない。

そういう人たちのために、OSSHY氏は「ファミリー・ディスコ」なるイベントを開催している。土・日の正午から夕方までの時間帯に「子供入場可」と謳《うた》い、たとえばアニメのダンス・ミュージックとディスコ・ミュージックをミックスしたダンス・イベントを行う。本の中に写真が載っているが、彼のDJブースの周りでチビッ子たちが楽しそうに踊り、その輪をさらに大人たちが囲んでいる。世代を超えて、会場が一体化している姿が伝わってくる。

「世代」にかぎらず、「ジャンル」も超えている。OSSHY氏は平成二十八年夏に「BON-FES（盆フェス）」と称して盆踊りとディスコ・ミュージックの融合イベントを行った。同イベントでは純粋な盆踊りの曲に限定せず、日本民謡、演歌、昭和歌謡、そしてディスコ・ミュージックを違和感なくミックスし、会社帰りのサラリーマンや浴衣姿の女性がダンスフロアに設置された櫓《やぐら》の周りで踊り明かしたそうである。

イベントを成功裏に終えたOSSHY氏は「日本人が元気と笑顔になれるダンス・ミュージックは、盆踊り楽曲にこそ、そのルーツがある」と実感したらしい。

日本人に対してだけではない。OSSHY氏は「国境」も超えようとしている。二〇二〇年の東京オリンピック・パラリンピック開催が決まった瞬間、彼は「次の目標が決まった！」と思ったらしい。

世界各国のアスリートたち、その家族やコーチなどを含めた応援団の人たちが、東京に集結する。アスリートたちはしのぎを削って試合をし、応援団の人たちも必死に応援するから、ストレスも溜まる。そんな彼らが試合を終えたあとの打ち上げ感覚で癒《いや》しを得られ、活力を取り戻す場として、選手村エリアでディスコ空間を設けてサポートしたい――とOSSHY氏は考えている。

また、こうも書いている。

〈実現すれば世界のアスリートや関係者たちが、こんなことを言ってくれるかもしれません。

「日本では、アスリートや家族が安心して楽しめるディスコがあるのか。ほかの国では聞いたことがない。でも、面白くてクールだ」〉

先の齊藤氏と同様に、このOSSHY氏にも「情緒」がある。発想が豊かな「新しい日本人」である。

ちなみに彼の本名は「押阪雅彦」で、フリー・アナウンサーの草分けである父の押阪忍氏は、昭和三十九年（一九六四年）の東京オリンピックの際に女子バレーボールの中継を担当した。

ノーベル医学・生理学賞を受賞した大隅良典栄誉教授の深い言葉

日本人の活躍は多くの分野にわたる。

自然科学を見てみよう。

二〇一六年のノーベル医学・生理学賞を、東京工業大学の大隅良典《おおすみよしのり》栄誉教授が受賞した。飢餓《きが》状態に陥った細胞が自らの蛋白質《たんぱくしつ》を食べて栄養源にする自食作用《オートファジー》の仕組みを解明した功績が評価された。日本のノーベル賞受賞は三年連続で計二十五人。医学・生理学賞は平成二十七年の大村智氏に続き計四人となった。

オートファジーとは、ギリシャ語の「オート」（自分）と「ファジー」（食べる）を組み合わせた造語で、栄養がなくなった細胞内に、二重膜で蛋白質などを取り囲むオートファゴソームという小胞ができ、分解酵素が入った細胞小器官と融合して蛋白質をアミノ酸に分解し、栄養源として再利用する仕組みだという（平成二十八年十月四日付『産経新聞』より）。

この現象の存在は一九五〇年代から知られていたそうだが、分子レベルでのメカニズムや生理学的な意義は謎で、大隅氏はその解明に取り組んだ。

昭和六十三年（一九八八年）、酵母《こうぼ》で蛋白質などが分解されていく様子を光学顕微鏡で観察することに世界で初めて成功し、平成五年にオートファジーに不可欠な十四種類の遺伝子を特定した。オートファジーが細胞内に侵入した細菌や不要物の除去など重要な役割を担っていることをも突き止め、この分野の研究を急速に発展させた業績はこれまでにも高く評価され、ノーベル賞は〝本命〟だったという。

私が面白いと思ったのは、大隅氏が記者会見で、研究者がオートファジーに関心を寄せなかった時代に自分が研究を始めたこと、「人がやっていないことをやるほうが楽しいというのが本質」で、「誰が一番乗りするかを競うより、誰もやっていないことを見つける喜びのほうが大事」と語ったことだ。

そして、大隅氏が研究を始めたときには、「オートファジーが必ずガンや寿命の問題につながるなどと確信していたわけではない」とし、基礎科学の重要性を強調したことである。

民主党政権時代の事業仕分けで、蓮舫《れんほう》氏が「二番じゃダメなんですか」と予算カットのために発した言葉が物議《ぶつぎ》をかもしたが、大隅氏の言葉は深い。「一番乗りを競うよりも誰もやっていないこと」に研究の意義を見出した大隅氏は、すぐには利益に結びつかない基礎研究の重要性を同時に訴えている。

つまり、どちらも大切なのである。そして日本には、その両方がある。

「精度の高さ」で米露に競り勝った理化学研究所

関連して興味深い記事があった。これも『産経新聞』（平成二十八年十月六日付）だが、大隅氏のノーベル賞受賞が韓国で強い関心を集めたという。

韓国メディアが注目しているのは日本人の科学分野での受賞者が二十二人もいることで、〈韓国人の受賞は金大中元大統領の平和賞だけで、自然科学分野での受賞はない。（略）各紙の社説は「世界が賛辞を贈る日本の科学技術の底力を前に、韓国の現実はみすぼらしい」（東亜日報）「日本の受賞歴がまぶしい」（ハンギョレ紙）「韓国はノーベル賞シーズンになると萎縮する。受賞どころか候補リストにも挙がっていない。いつまで隣の祭りを羨ましがっているだけか」（中央日報）と自虐的〉でさえあり、〈韓国の研究開発費が国内総生産（GDP）の4・15％を占め世界のトップ水準である点を指摘。にもかかわらず、自然科学分野で受賞がないことを問題視している。

「韓国科学界の風土に問題がある。短期的な成果を重視し、政府の支援金は2～3年内に目に見える成果が期待できる分野を選び分散投資。成果を立証する研究だけが量産されている」（朝鮮日報）。「日本のように長期間の集中投資をし、研究者が自らテーマを決めるようにする風土が必要だ」〈中央日報〉と目先の利益にとらわれる自国の風潮を戒めているという。

日本の現状はどうなっているか。

平成二十七年末、理化学研究所が合成した原子番号一一三番の元素が、国際学会で新元素として認定された。理研には新元素の名称と元素記号を提案する権利〈命名権〉が与えられ、日本を象徴する「ニホニウム」という名称が、平成二十八年内にも元素周期表に記載される。

物質の性質や相互作用を探究する科学の基礎となる構成要素が元素である。自然科学における人類の知の集大成の一つといえる周期表に日本発の元素が載ることは、日本の科学技術の金字塔といってよい。

研究チームを率いた森田浩介氏は名称案の発表で、「研究が日本国民の力で支えられていることへの感謝を、日本の国名を使うことによって表現したかった」と語った。

一一三番元素は、理研と米国・ロシアの合同チームがそれぞれ発見を主張し、約十年前から審査が続いていた。理研の発見は米露の主張より遅く、合成回数も少ないため不利が伝えられていたが、最終的に実験及びデータの「精度の高さ」で米露に競《せ》り勝った。ここでは、日本は一番手の栄誉をめざしたのである。

理研は、加速器を使って原子番号三〇番の亜鉛の原子核を八三番のビスマスに高速で衝突させ、一一三番元素を合成した。一個の合成に百兆回も原子核を衝突させる必要があったという。細かい技術論は措《お》くが、とにかく研究チームは途方もない努力を重ねた。

研究チームの要求に応じて精密な加速器や観測機器を製造した民間の技術力の高さもある。東日本大震災では電力不足に陥ったが、チームの熱意にほだされた他の研究者が電力を譲ってくれ、非常用電源で実験が継続できたという挿話《そうわ》もある。目先の成果だけでなく、基礎研究に打ち込むことを許容する理研の伝統もあった。

日本は過去に二度、新元素の発見を逸している。明治四十一年（一九〇八年）、小川正孝博士がトリアニトという鉱石から四三番を発見したとして「ニッポニウム」と命名したが、のちに別の元素と判明して周期表から削除された。

昭和十五年（一九四〇年）には、理研の仁科《にしな》芳雄博士が九三番の存在を加速器実験で示したが、検出には至らなかった。理研の加速器は大東亜戦争後、原爆製造用と見なしたGHQによって破壊され、日本の原子核研究は大幅に遅れた。

今回の森田氏らによる一一三番の発見は、そうした先輩研究者の苦闘の後を追って百年越しに達成したものである。ここには日本人の長いストーリーがある。そして、それは続いていく。

〈仁科研究室は実験装置を手作りして、最高の成果を出すのが伝統だった。その精神を受け継いだ森田氏。初の新元素を手作りの装置で実現させた。「尊敬する仁科先生が追い掛けた夢をかなえることができて、うれしい」と話す。

森田氏が長年続けてきた初詣《はつもうで》の賽銭《さいせん》は113円。「今年はこれが最後かと思うと実に感慨深かった」。チームはもっと難しい120番の発見を次の目標に掲げている。共に歩んだ森本氏（筆者注：分析を担当した森本幸司氏）は元日、理研近くの神社で120円を投げ入れ、新たな闘志を燃やした〉（平成二十八年一月二十一日付『産経新聞』）

この記事を読みながら、慶応年間に生まれた俳人、村上鬼城の「生きかはり 死にかはりして 打つ田かな」という句を思い出した。

稲は一年草である。一年以内に発芽、成長、開花、結実を完了して枯れ死するが、そうやって生まれ代わり死に代わって命は、確実に次代にリレーされてゆく。先祖代々の田圃《たんぼ》も、自分の命も、実は自分のものであって自分一個のものではない。

連綿と続く命の流れを感じさせる句だが、ここに日本人の価値観、人生観、自然観がある。現代の日本人もこれを信じていることは、小川正孝博士、仁科芳雄博士の思いがしっかり引き継がれ、大きく結実したことが証《あか》していると私は思う。

第十章

そして「新しい日本」の時代が始まる

日本にはさまざまな力がある。

だが、それをいかに束《たば》ねて活用していくかという国家戦略に欠けている。かりに日本は現状維持でよいと考えたとしても、何もしなければ現状維持はできない。

先に中国との軍事的な力関係について述べたが、これも、いまは日本のほうが優勢でも、日本が何もしないまま打ち過ぎたら十年後には中国が上回っているかもしれない。

日本の防衛は、これでよいのか

トランプ米次期大統領は選挙期間中、痛烈な日本批判を展開してきた。日米安保における日本のタダ乗り論は目新しくないが、「同盟の解体」と日韓の核武装容認にも言及した。

これらの発言は選挙を戦うために計算された煽情的《せんじようてき》なものと見るべきだが、実際に日米同盟が解体され、米軍が日本から撤退すれば、日本が取り得る選択肢は自主防衛ということになる。「自分の国は自分で守る」という気構えは当然で、トランプ・ショックは、危機ではなく「戦後体制」のぬるま湯に浸かってきた日本人を覚醒させる好機ともいえる。

日米同盟の基本構造は、自衛隊を「盾（守）」、米軍を「矛（攻）」とする役割分担である。自衛隊は「専守防衛」の方針のもと、戦前日本が保有した空母機動部隊のような海軍力、弾道ミサイル、巡航ミサイルといった装備を持たない。

敵国が発射しようとするミサイル基地を攻撃することも独力でできず、北朝鮮の弾道ミサイルを迎撃することもできない。発射の第一報を探知する衛星情報はアメリカに依存している。自衛隊の戦闘機も護衛艦もミサイルシステムも、アメリカの支援がなければ稼働できない。

日本はアメリカの暗号、敵味方識別装置やGPS（全地球測位システム）を使っている。アメリカがGPSのモードを変えただけで自衛隊は活動できない。

アメリカは武器を供与《きょうよ》している国に対し、「いつでも支援を止めるぞ」と圧力をかけることができるわけで、現に日本はずっとその環境下に置かれている。日米安保条約が一方で日本に対する瓶のフタとされている現実である。

日本の防衛は、これでよいのか。

この問いに日本人自身が覚悟をもって答えを出すときが来ている。

自主防衛の「コスト」は「新たな需要創出」でもある

防衛大学校の武田康裕、武藤功両教授らの著書『コストを試算！　日米同盟解体』（平成二十四年刊、毎日新聞社）によれば、日本が自主防衛を決断した場合のコストは、二十二兆二千六百六十一億〜二十三兆七千六百六十一億円が見込まれるという（平成二十八年五月二十四日付『産経新聞』）。

〈内訳は、米軍撤退で駐留経費負担４３７４億円が不要となるが、新たに空母や戦闘機、情報収集衛星など、米軍に依存してきた装備を４兆２０６９億円で取得する必要がある。維持コストなどを除外した試算だが、消費税でいえば２％の負担増になる。

コストはハード面にとどまらない。「日米同盟が解体されるということは、日米の政治・経済の協力も損《そこ》なわれることを意味する」（武田氏）からである。

経済面では、貿易途絶▽株価下落▽国債の金利上昇▽エネルギーの調達コスト上昇——などの影響で、最大21兆３２５０億円のコスト増。一方、米軍基地撤退で取り戻せる経済効果などの「逸失利益」は１兆３２８４億円にとどまる。武田氏はこう強調する。

「問題は金額の多寡《たか》ではない。いくらコストを費やして自主防衛に踏み切っても、結局は日米同盟と同じ水準の安全を享受《きょうじゅ》することはできないということだ」〉（同紙）

金額を見れば、自主防衛のコストは約二十四兆円ということになる。かりに日本国民が自主防衛を決断した場合、「コスト」ではなく「新たな需要創出」と考えることもできる。たとえば、アメリカから購入している戦闘機を国産化すると、どのような可能性が日本に開けてくるか。主要な装備品は国産にしなければ軍事的な自立はあり得ない。

戦後、航空自衛隊はアメリカから戦闘機の図面を購入し、三菱重工を中心とした企業群が製造してきた。これを「ライセンス国産」と呼ぶが、すべて自前というわけではない。

ブラックボックス化された完成部品を三割程度購入しなければならず、すべての技術が開示されることもない。建前としては秘密保持だが、要はアメリカに毟《むし》られているのである。

しかもライセンス国産は完成機の輸入と比較すると、価格が倍くらい高い。国内に戦闘機の製造施設をつくることが必要になり、その費用が上乗せされるからで、こんな歪《いびつ》な状態は解消したほうがいいではないか、と考えるのがまともである。

日本に技術はある。米空軍のF22ステルス戦闘機のカーボン素材は宇部興産がつくっている。太陽光が直射しても視認可能なディスプレイの技術は横河電機が持っている。

アメリカの航空機産業は、日本の技術による最先端部品なくしては成り立たない。高度な軍用機や旅客機のコックピット内はほとんど日本製だと言っていい。航行計器を包むダッシュボードのセラミックや中に入っている液晶体は日本製であるにもかかわらず、数多ある軍民共用の高い技術力を活かして日本の国防と民生の向上を図ることを政治家も役人も考えようとしない。

こうした発想は危険か。無駄なことか。私は、そうは思わない。

「民間出動」のMRJが示す可能性

平成二十七年十一月、三菱重工業の子会社である三菱航空機が開発を進めてきた国産初の小型ジェット旅客機MRJ（三菱リージョナルジェット）が誕生した。国産旅客機としてはYS11以来だが、YSはプロペラ機なのでMRJは初の国産ジェット旅客機になる。

すでに四十数機の受注があるというが、「民間出動」のMRJはどんな可能性を示しているか。民間旅客機である以上、MRJの開発に日本の国家戦略が直接反映されているとはいえない。

YS以降の日本の航空機産業の基盤はないも同然で、製造する基盤もなければ、世界への販路もなかった。世界の航空機産業を牛耳っているのはエアバスとボーイングで、現状、日本企業が参入できるのはその隙間しかない。

MRJは、国内の地方都市や日本と東南アジア諸国を結ぶ短中距離路線での利用を見込んだ七十から九十席の双発小型ジェット機である。エアバスやボーイングが占める市場の隙間で、欧州や北米大陸にも進出可能だと考えた。カナダのボンバルディア・エアロスペースやブラジルのエンブラエルなどがライバルだが、ＭＲＪは燃費性能が従来型に比べて二割ほど向上し、温室効果ガスの排出も著しく低減させた強みがある。

こうした燃費性能の高い小型旅客機は、今後二十年で五千機以上の新規需要が世界で見込まれ、ＭＲＪはボンバルディアやエンブラエルを抜いてこの市場でトップに立てる可能性がある。この「民間出動」は日本の力を示す一つである。

これは軍用機においても可能である。日本はこれまで中型輸送機のＣ１を国産開発し、その後継機のＣ２も防衛省技術研究本部（防衛研）と川崎重工業（川重）によって開発され、間もなく運用開始となる。Ｐ３Ｃに代わる哨戒機のＰ１も防衛研と川重によって開発・製造され、三年前から配備が進んでいる。アメリカも日本が軍用機を自国生産するのを一部容認しているのである。

航空戦力の軍事的な見地からすると、問題はＦ２の後継機をどうするかという問題がある。昭和五十年代に運用開始されたのがＦ１で、平成になり第四世代の戦闘機としてＦ２が製造され、当初はエンジンのライセンス生産を前提とした国産開発だったのが、結果的にＦ16をベースとした日米共同開発になった。

国産開発や共同開発は、ライセンス生産と違って自由に改良できるメリットがある。Ｆ２

も逐次グレードアップし、高性能の戦闘機に仕上がった。この後継をどうするのか、平成三十年度までの中期防衛力整備計画（第二十六中期防）で結論を出すことになっている。

この問題は政治が決断しなければならないが、自主防衛のためにいかに「民間出動」を図るかという視点、発想が必要である。F2開発当時、三菱重工の社長、会長を務めた飯田庸太郎氏（故人）は、「防衛産業で日本のお役に立てなければ、三菱が存在する意味はない。儲かるからやる、儲からないからやらないではなく、持って生まれた宿命と思っている」と語ったという。

まさに戦後は、国ではなく、三菱やIHI、川崎重工、戦前の中島飛行機を引き継ぐ富士重工などの民間企業が防衛産業を守ってきた。その裾野には町工場のような零細企業もある。

「国防」に関心の薄い政治家や官僚が日本の底力を損なっている

それが、いまどのようになっているか。元空将の織田邦男氏はこう語っている。

〈たとえばF2のレドーム（Radome）は町工場でつくられています。レドームというのは、レーダー（Radar）とドーム（dome）を掛け合わせた造語で、機体先端のレーダーアンテナを保護するための覆《おお》いのことで素材はガラス繊維なのですが、これを製造するには高度な特殊技術が必要なんです。

それがＦ２の製造が終了したらその工場はお役御免になって経営の目処《めど》が立たないから防衛産業から撤退してしまった。仮にいまＦ２が空中でレドームを撃ち抜かれるような事態があったら、予備を持ってくるか、整備中の機体から外して持ってくるしかない。いまの日本には、大企業であれ町工場であれ、防衛産業に関わってちゃんと経営が成り立つという環境がない。それで海外からの調達だけになってしまったら、それこそ我が国の防衛産業は消滅してしまいます。つくれないだけでなく、メンテナンスもできなくなる。だから国産化の領域を広げる必要があるんです〉（『正論』平成二十八年七月号）

せっかくの日本の経済的底力を「国防」に関心の薄い政治家や官僚が損なっている例である。

平成二十八年四月に防衛省の発注で三菱重工業が製造した「心神《しんしん》」というステルス実験機が初飛行に成功した。ステルス技術や推力偏向《へんこう》ノズルなどの各国が極秘とする先進技術を実証する「先進技術実証機」である。三菱は開発に当たって約四百億円を投じた。「心神」というのは通称で、「平成の零戦」ともいわれている。関わった技術者や関心の高い国民の期待がこうした呼び方を広めた。

三菱は平成二十二年から試作を始め、完成させたのは一機だけだが、国内の二百社以上が参加し、九割を超える部品が国産だという。三菱はこの先進技術実証機のために約二百人の技術者を投入したとされるが、初飛行成功で防衛省に機体を引き渡したあと開発に携わった技術者たちをどうするのか。「実証機」のその後について、政府は何も決断していない。

織田氏は、〈航空機の開発は伊勢神宮の式年遷宮《しきねんせんぐう》と同じで、技術継承のためにも必要です。三十年間空白が生じたら途切れてしまう。技術者は二十代で会社に入って十年程度は見習い、三十代で中堅、四十代を過ぎると後輩を育て、やがて去っていく。このローテーションによって技術は継承され、更新され、進歩を遂げていくわけですが、このローテーションを失くすのは国家のポテンシャルを失うことです。（略）

民間企業では二百人の技術者を無為に抱えておくわけにはいかないでしょう。様々な部署に配転してしまえば、せっかくインテグレート（統合）された技術はどうなるのか。最悪雲散霧消しかねない〉（前掲）と懸念《けねん》するが、こうなっては勿体《もったい》ないかぎりである。

ＭＲＪに先行するかたちで小型ビジネスジェット機の「ホンダジェット」（ホンダエアクラフトカンパニー）が世界市場に本格参入した。昭和六十一年（一九八六年）の基礎研究着手から三十年を経て、ゼネラル・エレクトリック（GE）との合弁で開発したとはいえ、自動車開発で培《つちか》った技術を活かしたエンジンの燃費性能は競合製品より約一割高く、すでに受注は百機を超えているという。

こうした「民間出動」を政府は無駄にすべきではない。ほかにもH2Aやイプシロンといったロケット打ち上げ技術をも含め、日本の航空宇宙産業のポテンシャルを、国家戦略や自主防衛整備に組み込むことを本気で考えれば、トランプ・ショックは日本の独立性を一気に高める「跳躍」の好機とすることも可能である。

なぜ「核の傘」の信用性について言及しないのか

トランプ・ショックのもう一つである、日本の核保有実現の可能性はどうか。

憲法九条は自衛のための必要最小限度を超えない実力の保持を認めており、稲田朋美《ともみ》防衛相が平成二十八年八月六日の記者会見で、日本の核兵器保有について「憲法上、必要最小限度がどのような兵器であるかということに限定がない」と述べ、憲法九条で禁止しているわけではないとする従来の政府見解に沿って説明したとおりである。

二〇〇六年十月に北朝鮮が初の核実験を実施したときの、我が国の議論を思い起こしてみよう。

このとき金正日《キムジョンイル》総書記（当時）の日本への核恫喝《どうかつ》は、それまでの弾道ミサイル発射とともに、より現実味を増した。日本では第一次安倍政権だった。にもかかわらず、当時、自民党政調会長だった中川昭一氏の「核を持たずに北朝鮮にどういう対抗措置ができるのか真剣に議論しなければならない」という意見は、野党のみならず自民党内やメディアから大バッシングを浴びた。

せっかく核保有の議論を提起した中川氏は、その後、発言を自粛し、「国会では『非核五原則』、つまり核について『つくらず、持たず、持ち込ませず』だけでなく、『発言させず』『考えさせず』という空気が横行している」と嘆いた。だが、このときも普通の国民は「非核五原則」をおかしいと感じていたのではないか。

核保有の可能性を含めた日本の国防上の現実問題を考えようとしない、怠惰《たいだ》を決め込んでその必要性を説く者に非難を浴びせようとする人たちは、「平和の毒」が回り切った「戦後派」である。彼らの多くが「反米」で「反核」であるにもかかわらず、アメリカの「核の傘」への盲信がある。ただ、その逆説を見ないようにしている。

そもそも核の抑止力は、場合によってはこちらも核を行使し得るという前提がなければ成立しない。その意志と技術がなければ抑止力にはならない。日本にあるのは、「日本への核攻撃はアメリカが必ず反撃してくれるはず」という期待である。

「米国の『核の傘』の安定的維持」を主張する人たちは、「核の傘」の信用性について言及しない。わかりやすくいえば、アメリカは本土が核攻撃に晒《さら》される危険を承知で日本を守る気があるかどうかについて、いっさい口を閉ざす。

さまざまな前提を設けて核保有を進めればよい

米ソ冷戦時代、フランス大統領だったドゴールは北大西洋条約機構（NATO）の総司令官（米軍大将）やケネディ米大統領と一対一で、「核の傘」の有効性に関して議論したことがある。「もしフランスがソ連に核攻撃を受けた場合、アメリカはソ連に報復できるのか。フランス防衛のためソ連と核戦争をする場合のアメリカ軍のシナリオを具体的に説明してくれ」とドゴールに詰め寄られたNATO総司令官は、絶句するしかなかった。

アメリカ政府には、たとえフランスがソ連に核攻撃されてもソ連を相手に核ミサイルの撃ち合いをする気はなかった。ケネディ大統領もドゴールに同様の質問をされ、顔面蒼白《そうはく》になって何も答えられなかったという。ケネディはアイゼンハワー大統領時代の「大量核報復政策」を嫌い、西ヨーロッパの同盟国を守るためにソ連と核戦争をするつもりなど毛頭なかったからである。

そんなアメリカの「核の傘」に疑念を抱いたドゴールは、独自の核配備を決断し、フランスは核保有国となった。

ニクソン政権で大統領補佐官を務めたキッシンジャーは、「超大国は同盟国に対する『核の傘』を保障するため、自殺行為をするわけがない」と述べている。

カーター、レーガン二人の大統領時代にCIA長官を務めたターナー元海軍大将も、「もしロシアが日本に核ミサイルを撃ち込んだ場合、アメリカがロシアに対し（報復の）核攻撃をかけるはずがない」と語っている。

日米安保と「核の傘」に対するトランプ氏と同じような衝撃的発言は、これまでにも米国内にあった。

日本人はなぜ「核の傘」を信じてきたのか。これが「戦後体制」であって、日本が真に独立国家であろうとするならば、自国の領土領海と自国民の安全を守るために核を保有する選択をしたところで、どこかから非難を受ける謂《いわ》れはない。

さまざまな前提を設けて核保有を進めればよい。「日本は核武装のオプションを放棄《ほうき》しない」と政府が声明を出すだけでも抑止力になる。

日本人の独立の意志、心のあり方が問われている

核保有を考えることは、日本人の自立心、独立心の覚醒《かくせい》を促《うなが》すことにつながる。核保有論を持ち出すと、「それはアメリカが容認しない」「日米関係を悪化させる」と眉を顰《ひそ》めて議論を封じ込めようとする人たちが保守派とされる側にもいる。だが、アメリカ合衆国大統領に「アメリカ国民の生命を守る義務」があるように、我が国の総理大臣もまた「日本国民の生命を守る義務」がある。

日本が核拡散防止条約（NPT）の加盟国であること、査察を受け入れる国際原子力機関（IAEA）の追加議定書の批准《ひじゅん》国であることなど国際社会との関係を考えると不可能だ、と決めつけることは、自らの可能性と能力を封じ込めるものである。

技術的な核保有の可能性の試算は存在する。政府は平成十八年九月、非公式に「核兵器の国産可能性について」という内部文書をまとめ、「小型弾頭の試作までに最低三～五年、二千億～三千億円の予算と技術者数百人の動員が必要」で、「日本にはウラン濃縮工場や原発の使用済み核燃料の再処理技術・設備はあるが、技術上の制約から核兵器にはただちに転用できない」という結論を出していた。

「ただちに独力で北朝鮮からの『核の脅威』抑止には間に合わない」ということである。同年十二月二十五日付『産経新聞』が、それを報じた。

たしかに、核保有は難しいという材料を探せばいくつも出てくる。だが、核保有国になる手段はなにも国産だけではない。私は現実的な困難を論じるうえで最も大切なことは〝日本人の意志〟だと思っている。

日本人の独立の意志、心のあり方こそが問われる。何も日米同盟を破棄するというのではない。「アメリカの負担を軽くするための核保有だ」と日本が説明し、決断すればアメリカも変わる。トランプ氏によって変えられるのではない、こちらから日米関係を変えていくことも可能である。

二〇〇六年三月、インドを訪問したブッシュ大統領は同国のシン首相と首脳会談を行い、NPT未加盟のインドに対しアメリカが民生用の核開発分野で協力するという協定に合意した。インドの核開発への協力について、核不拡散政策の転換ではないかというアメリカ国内の批判に、ブッシュ大統領は「時代は変わりつつある。過去にしばられてはいけない」と語った。

米印原子力協力協定の合意には、NPTを締結しないまま核を保有するインドを核管理体制に組み込む狙いがあったとはいえ、核査察面から見れば、インドに自発的な査察を認めることで米露中英仏の核保有国と同じ扱いとなり、事実上、インドを六番目の核大国として認知した。

アメリカがインドにその「地位」を認めたのは、インドが民主主義国家で核拡散の懸念は小さいと考えたからで、この要件は、日本は十二分に満たしている。何よりアメリカの同盟国である。NPTの枠組みも、また核保有を選択しようとする国の「意志」と「実力」による。

NPTを脱退したら北朝鮮のような国際的孤立や制裁を覚悟しなければならないという意見は、日本の総合的な国力を認識していない。政治・経済において日本は世界のビッグプレーヤーである。

ビッグプレーヤーを外してゲームが成り立つか。インドの選択が日本に何を問いかけているかを改めて真剣に考えなければならない。

「新しい日本人」は、戦後の〝閉された言語空間〟を撃ち破って、日本が国家としてその運命を自ら決する道に踏み出す人々のことである。

日本が核を保有するかしないかは、自らに選択権がある。GHQによる被占領期を経て無意識に身につけてきた〝精神の拘束具〟を、いまこそ脱ぎ捨てる「新しい時代」が到来している。

役者が代われば状況も変わる

　これまでさまざまな日本の課題について論じてきた。日本に問題があるとすれば、それは「力」のないことではなく、「力」のあることを自覚できていないことである。そして、その力の源泉が日本の長い歴史と庶民の「暗黙知」にあることを確認する必要がある。

　現実の世の中は常に動いている。うろたえず、恐れず、いかに対応していくか。庶民の日常は、その連続である。

　それは国際政治の舞台においても同じで、役者は入れ替わり、舞台はめぐる。いま日本のリーダーとして舞台に立っている安倍晋三首相もいずれは代わるし、すでに代わった国も少なくない。インドにおける安倍首相のカウンターパートはシン首相ではなく、モディ首相になった。フィリピンの大統領もアキノ氏からドゥテルテ氏に代わった。ミャンマーも長い軍政時代を経て、いまはアウン・サン・スー・チー国家顧問兼外相が実質的に政権を掌握《しょうあく》している。

　役者は代わる。そして役者が代われば状況も変わる。いま東南アジアの指導者は日本と中国を訪れ、経済問題を中心に、どちらがリーダーとして頼り甲斐《がい》があるのか両国を天秤《てんびん》にかけている。

ドゥテルテ大統領とアウン・サン・スー・チー国家顧問が平成二十八年十月末から十一月初めにかけて来日した。スー・チー氏は安倍首相との会談で、「真の友人である日本の支援にお礼申し上げる」と微笑《ほほえ》んだが、対中国を念頭に自由・民主といった「価値観の共有」を訴える日本から、今後五年間で官民合わせて八千億円規模の援助を引き出した。

スー・チー氏は八月には訪中し、人権問題の批判を控えるかたちで中国からも援助を取りつけている。実利に徹した姿勢で、「敵対的な国をつくりたくない」というスー・チー氏の本音は日本側もわかっている。

一方、ドゥテルテ大統領は、安倍首相との会談で中国が軍事拠点化を進める南シナ海問題について、「国際法に基づき平和裏に問題を解決したい。われわれは常に日本側に立つ」と述べた。日本側は、フィリピン海軍の警戒監視能力の向上に向けた海上自衛隊の練習機五機の有償貸与のほか、ODAとして約二百十三億円の円借款供与《えんしやっかんきょうよ》を約束した。

ドゥテルテ氏はフィリピンに帰国後、「日本はこれまでも今後も、フィリピンの真の友人だ」と上機嫌だったが、したたかなのは、訪日に先立つ中国訪問で、南シナ海における中国の主権主張を認めなかった仲裁裁判所の裁定にはほとんど触れずに、中国側から総額で約二兆五千億円に上る経済協力を取りつけたとされることである。

習近平が周囲にちらつかせる支援は巨額で、日本を凌駕《りようが》しているように見える。だが、「スー・チー氏もドゥテルテ氏も、それに釣られていった」と感情的に見る必要はない。「親中」というよりも、どの国も自国第一であって、彼らの国益追求は当然として日本は構える必要がある。そして、日本にとって国益となる国際秩序の順守に応じる国から順に手を差し伸べていけばよい。

優位戦の発想をもって日本が一丸となるべし

日本は動じないことである。そして国家意志を明確にしなければならない。中国は今後も資金力を武器に、なりふりかまわず各国の支持拡大を狙ってくるだろう。そのとき国際世論をいかに味方につけるか。優位戦の発想をもって日本が一丸となることである。とくに安倍氏を支える閣僚や自民党員はその意識を持つ必要がある。

その点から見ると、現状はその心構えが足りないと言わざるを得ない。たとえば平成二十八年十月初めの衆議院予算委員会での審議は、外交・安全保障から社会保障まで、安倍首相が担当閣僚に代わって答弁する姿が目立った。それも担当閣僚の答弁が心許《こころもと》ないために安倍首相が引き取るかたちになっていたのは、閣僚は安倍首相に担務《たんむ》を丸投げしているのかといいたくなる。

平成二十八年十月三日の北方領土に関する日露交渉をめぐる議論では、岸田文雄外相の北方四島についての発言が二転三転、首相が「四島の帰属問題を解決して平和条約を締結する」と引き取った。

また稲田朋美防衛相も尖閣《せんかく》諸島（沖縄県石垣市）や在日米軍をめぐる過去の発言との整合性を問われ「質問通告がないので」などと歯切れが悪かった。首相が「どちらも重要だという稲田氏の考えは変わっていない」と助け舟を出して事なきを得たが、〝ポスト安倍〟との力の差が歴然だった。

『産経新聞』はこの状況を〈「安倍一強」と言えば聞こえはいいものの、ポスト安倍をめぐる自民党の人材難の裏返しともいえそうだ〉（平成二十八年十月五日付）と苦言を呈したが、安倍氏を一騎駆けさせて〝見殺し〟にした第一次政権の轍《てつ》を踏まねばいいがと思う。

いまの自民党は国政選挙四連勝に気が緩《ゆる》んではいないか。安倍首相を第一次政権のときと同じく、武蔵坊弁慶のいない義経《よしつね》にしてはいけない。

安倍氏が首相に就任したとき、「弁慶がいない。困ったなあ」と嘆息したのは初代内閣安全保障室長の佐々淳行《さっさあつゆき》氏だった。弁慶は義経が没落しても忠実に随行《ずいこう》し、安宅《あたか》の関《せき》の危難を免れさせ、のちに衣川《ころもがわ》の戦で討ち死にしている。

当時の自民党は、弁慶がいなくて、マスコミに袋叩きにされる安倍氏をみなで見殺しにした。日本国民もそれを見物していた。

第一次安倍政権が倒れたあと、私はある対談で、「戦後体制からの脱却の意味がわからない、あるいはそれを認めたくないマスコミと国民は、いずれ安倍首相を喪《うしな》ったことの大きな痛手を感じるときがくる」と述べた。それはまさに、三年余の民主党政権の混乱となって現れた。

日本と日本人女性の名誉回復のために闘う杉田水脈氏

芝居の世界には一幕物があるが、現実の世の中は一幕芝居では終わらない。第二幕、第三幕がある。安倍義経の第二幕には、日本のために、静御前《しずかごぜん》も、武蔵坊弁慶もいなければならない。

四年前、故・三宅久之氏が代表発起人となって発足した「安倍晋三総理大臣を求める民間人有志の会」に私も名を連ねたが、この会には、安倍氏の掲げる日本再興の志のために武蔵坊弁慶や静御前になろうという人々が集《つど》った。

私は同会発足時に、〈安倍晋三氏に再登板をお願いするに当たり、国民は反省して、まず自分が「強い国民」になることを誓わねばならぬ。私はそうする。今がそのときだ〉と述べた。第二次政権発足から四年を経て、私のこの思いはますます強くなり、この思いを共有する「新しい日本人」の姿を追っている。

どうやら政官界には少ない。民間にはいる。先にスポーツや文化芸能の世界の話をしたが、直接、安倍氏と関係があろうがなかろうが、まるで母衣武者《ほろむしゃ》のように、日本のために外務省に代わって「歴史戦」を戦い、あるいは権威に守られた「マスコミの不公平」を暴《あば》こうとする「新しい日本人」が出現している。

河添恵子・杉田水脈著
『「歴史戦」はオンナの闘い』

杉田水脈《みお》さんという女性がいる。兵庫県神戸市の生まれ。西宮市の職員から転じて平成二十四年の総選挙で「日本維新の会」から出馬し、議席を得た。平成二十六年の日本維新の会分党に伴って「次世代の党」の結党に参加。同党結党に参加する唯一の女性衆議院議員となったが、同年十二月の総選挙で惜《お》しくも落選、いまは捲土重来《けんどちょうらい》を期していると聞く。

なぜ杉田氏が「新しい日本人」なのか。彼女の働きを見れば納得する。国会にあっては、慰安婦募集の強制性を認めた平成五年の「河野洋平官房長官談話」を「反日の格好の情報発信源になっている」とし、河野氏を参考人招致《しょうち》するよう求めた。民間人に戻ってからは、日本の名誉のために国連に乗り込んで、慰安婦問題がいかに虚偽であるかを訴える活動を続けている。

二〇一六年二月、ジュネーブで開かれた国連女子差別撤廃委員会で、日本政府はやっと「慰安婦は強制連行ではない」と反論した。これは二〇一五年七月、同委員会から「慰安婦の強制連行はないとの主張があるが政府としての見解を述べよ」と問われたことへの回答だった。この反論の機会をつくったのが杉田水脈さんらである。外務省の働きによるものではない。

杉田水脈氏らが二〇一五年七月、同委員会準備会合に参加し、日本軍による強制連行説には根拠がないと訴えたのがきっかけである。委員らは「初耳だ」と驚いて日本政府に問い合わせた。これはいわば「民間出動」によって日本の名誉回復の機会が設けられたようなもので、外務省がいかに国際社会に向け何も発信していないかの現れでもある。

結婚し、家庭を持って政治活動をしている女性は少なくないが、杉田氏が「新しい日本人」と言えるのは、従来の女性政治家に多いフェミニズムへの傾斜や市民運動的な発想に囚われず、国家と個人の関係や共同体の意味、歴史伝統の連続性の尊重といった「昔の物事を研究し吟味《ぎんみ》して、そこから新しい知識や見解を得ること」を大切にしているからである。「水脈」という名も、父親が『万葉集』の「武庫川《むこがわ》の　水脈《みを》を速《はや》みと　赤駒《あかごま》の　足掻《あが》く激《たぎ》ちに　濡れにけるかも」からとったという。

ちなみに杉田氏の活動は「杉田水脈のなでしこリポート」という産経新聞の電子版の連載や、ノンフィクション作家・河添恵子氏との共著『「歴史戦」はオンナの闘い』（ＰＨＰ研究所、平成二十八年六月刊）などを参照されたい。

マスメディアという巨大権力機関を監視する「視聴者の会」

「放送法遵守を求める視聴者の会」という団体がある。作曲家のすぎやまこういち氏、文芸評論家の小川榮太郎氏、経済評論家の上念司《じょうねんつかさ》氏らが中心になって平成二十七年十一月設立された団体で、「電波という限られた公共財を、許認可により割り当てられて報道を行う放送事業者には、公平公正な報道姿勢が求められる」ことを前提に、テレビメディアに対し、さまざまな問題について国民が正しく判断できるよう公平公正な報道を求め、国民の「知る権利」を守る活動を行うとしている。

小川榮太郎氏が「安倍晋三総理大臣を求める民間人有志の会」に名を連ねていたことから、ただの「安倍応援団」と批判する向きもあるが、この会の取り組みはこれまでになかったものといえる。

放送局も巨大な権力機関である。

彼らはこれまで「表現の自由」を盾に恣意《しい》的な報道、論評をどれほどしてきたか。また、まともな報道をしてこなかったか。最近の若者は、それを「自己都合で報道しない自由を行使している」とネットなどで揶揄《やゆ》しているらしい。

小川氏らによれば、会の目的は放送局やニュース番組を糾弾《きゅうだん》することではなく、あくまで視聴者の立場から放送局に対し、放送法第四条を遵守《じゅんしゅ》し、公平公正な報道によって国民の「知る権利」を守るよう求めていくことだという。

小川氏らが、なぜこの会の設立を決断したか。放送法の第四条は、こう定めている。

〈第四条　放送事業者は、国内放送及び内外放送（以下「国内放送等」という。）の放送番組の編集に当たつては、次の各号の定めるところによらなければならない。
一　公安及び善良な風俗を害しないこと。

二　政治的に公平であること。

三　報道は事実をまげないですること。

四　意見が対立している問題については、できるだけ多くの角度から論点を明らかにすること〉

日頃テレビのニュースを見て、これが守られていると感じることがどれほどあるか。たとえば平成二十七年の「平和安全法制」をめぐる議論に関し、同年九月十六日放送のTBSテレビ『NEWS23』で番組アンカーである岸井成格《しげただ》氏が「安保法案は憲法違反であり、メディアとしても廃案に向けて声をずっと上げ続けるべき」と発言したことなど、当時のテレビ放送が「平和安全法制」をどう扱ったかを客観的に振り返れば、たしかに放送法第四条は守られていないと判断するのがまともな国民の感覚である。

放送法第四条に罰則はない。したがって、マスコミ人士は「ただの倫理規定にすぎない」と言い放つ。倫理規定なら無視していいのか。そんなことはあるまい。

この放送法第四条の解釈をめぐって主務大臣の高市早苗《たかいちさなえ》氏は、たしかに平成二十八年二月の衆議院予算委員会で、放送局が「政治的に公平であること」と定めた放送法の違反を繰り返した場合、電波法に基づき電波停止を命じる可能性に言及した。電波停止に関しても「行政が何度要請しても、まったく改善しない放送局に何の対応もしないとは約束できない。将来にわたり可能性がまったくないとは言えない」と述べた。

　これを問題視し、田原総一朗、鳥越俊太郎、岸井成格各氏ら六人のジャーナリストが記者会見を開いて高市氏の「電波停止」発言に〝抗議〟した。「高市さんに恥ずかしい思いをさせなければならない」(田原氏)、「安倍晋三政権の恫喝《どうかつ》だ」(鳥越氏)、「憲法、放送法の精神を知らないのであれば大臣失格だ」(岸井氏)等々、怒りを露《あら》わにしたものだったが、内容は的外れでお粗末としか言いようがない。高市氏の答弁は日本が法治国家であるなら当然の解釈を述べたにすぎない。

　民主党政権時代の平成二十二年十一月、当時の平岡秀夫総務副大臣が高市氏と同様の答弁をした折、今回、高市氏に抗議した面々は何をしていたか。抗議どころか問題視すらしなかったのではないか。少なくとも私は抗議の事実があったことを知らない。

　同じく、民主党政権時の松本龍《りゅう》復興相が、村井嘉浩《よしひろ》宮城県知事との面会時のやり取りについて「書いた社は終わりだ」と報道陣を恫喝したり、鉢呂《はちろ》吉雄《よしお》経済産業相の辞任に関する報道について輿石《こしいし》東《あずま》幹事長が民放関係者を聴取したうえで、党の代議士会で「マスコミ対応を含めて情報管理を徹底していきたい」と発言したりした問題はどうなのか。民主党政権は見逃すが、安倍政権は許さないというのであれば、これこそ紛れもない偏向である。

「視聴者の会」はこうした問いかけを、放送局と、そこで発言の場を得ている〝高名なジャーナリスト〟に投げかけている。

ところが、「視聴者の会」が放送内容を検証したうえで出した新聞への意見広告に、たとえば岸井氏は「低俗だし、品性どころか知性のかけらもない」と感情的に反発するだけで、公開討論会の呼び掛けには応じず、また公開質問状には回答すらしない。

マスメディアは巨大な権力機関である。彼らは権力を監視する役目を掲げるが、それを自らにも向けたことがあるか。小川氏や上念氏の活動は、これまでメディアの権威を鵜呑みにして、その恣意《しい》を矯《た》めるという発想と現実的手段を持たなかった日本人から「新しい日本人」へと変化をもたらす起爆剤の一つとなっている。

日本人の力を発動させるカギは、長い歴史の中で培った「情緒」

「新しい日本人」による「新しい日本」の時代の到来について述べてきた。新しい日本人は、グローバリズムや競争原理を持てはやす人たちではない。力の源泉は心の在り方に帰結する。何を大切と思い、何を守りたいと思うか。それが日本人の「暗黙知」となる。「暗黙知」による生き方は、けっして複雑ではない。

たとえば二宮尊徳《そんとく》である。小田原藩に登用された尊徳は、我が国が開闢《かいびゃく》以来、外国から資本を借りて発展させたことはなく、「皇国は皇国の徳沢《とくたく》」で発展させてきたことに気づくと、「自分が神代《かみよ》の昔に豊葦原《とよあしはら》へ天から降り立ったと決心をし、皇国は皇国の恩恵で発展させてこそ、天照大神《あまてらすおおみかみ》の足跡だと思い定め」(『二宮翁夜話』巻之四)、「農」を通じて〝心田〟開発、すなわち立派な日本人をつくりあげていく。

私たちの歴史には、こうした人物が大勢いる。

尊徳は「世間で困窮を救おうという者が、みだりに金銭や米穀を施《ほどこ》すのは、甚《はなは》だよろしくない。なぜなら、人民を怠惰《たいだ》に導くからである。これは恵んで費《つい》える」ことで、指導者は人々を「奮発・努力させるようにすることが肝要」という。この故事《こじ》は東日本大震災の復興の在り方や現代の社会福祉にも通じる。

日本人はずっと勤勉、倹約、謙譲の精神で自立してきた。尊徳の生涯はそのことを思い起こさせるものだが、かつては小・中学校の敷地の一隅に、当たり前のように建っていた、その銅像は消える一方だという。日本人は何を大切と思い、何を守りたいと思ってきたか。「勤勉と努力がいちばんの美徳である」。それは和《わ》の精神や日本人の美意識を育《はぐく》んできた。「そこには人間本来の普遍性がある」などという必要はない。世界が勝手に真似をはじめるような、〝美しく強い日本〟を示せばよい。

日本がめざす美しく強い国は他国を脅《おびや》かさない。相手が理不尽なことを仕掛けつづけてくれば、日本はそれに、しかるべきレベルで対応するが、そうでないかぎりはきわめて安心な国である。帝国主義の時代ですら日本はそうだった（少なくとも他の帝国主義国家よりは、と控えめに言っておこう）。

こうした歴史をどうやって未来の日本の力に結びつけてゆくか。「日本人はこうやってきた。それが日本人の心です」と言ったとき、それを理解し、共感する国と付き合っていけばよいのである。

TPPがどうなるか。安倍首相はTPP大筋合意を受けて、こう語った。

「TPPは、価値観を共有する国々が自由で公正な経済圏をつくっていく国家百年の計だ。粘り強い交渉を続けた結果、妥結に至ったことは、日本のみならずアジア太平洋の未来にとって大きな成果だ。交渉の結果、農業分野でコメ、牛肉・豚肉、乳製品といった主要品目を中心に、関税撤廃の例外をしっかり確保できた。農業は国の基《もとい》であり、美しい田園風景を守っていくことは政治の責任だ」

次期米大統領のトランプ氏はTPPに反対の立場である。米議会の批准《ひじゅん》承認を得ることはあるまい。そもそも、我が国の「美しい田園風景を守っていく」ことを第一にするなら、TPPの矛盾に気づいていなければならない。TPPには、戦後秩序と自由貿易に対する幻想がある。日本人は、国家主権の重みをいま一度嚙み締めてみるべきである。

ペリー来航によって開国を余儀なくされた徳川幕府は、安政五年（一八五八年）に米英仏露蘭の五カ国とそれぞれ修好通商条約を結んだ。それらの条約は「関税自主権の放棄」と「領事裁判権」を認めた不平等な内容だった。日本にとってそれは屈辱だったが、黒船の砲艦外交の前に臥薪嘗胆《がしんしょうたん》を決めた。明治維新後、「富国強兵」「殖産振興《しょくさんこうぎょう》」政策を採り、国家として当然の主権を取り戻すために努力を重ねた。

ようやく日露戦争後の明治四十年（一九〇七年）に日露新通商航海条約を結び、関税自主権を回復した。そして明治四十四年（一九一一年）、アメリカをはじめとする他の列強とも不平等条約の解消ができたのである。これが我が父祖たちの苦闘の物語である。現在の日本人もこれに繫がっている。

そもそも関税は一括に決めるべきではない。それぞれの国、共同体の繁栄のために分野ごとに決めて不都合はない。「国民」が豊かになるかどうかを見極める。それが交渉というものである。

安倍首相は、自らの信念を貫けばよい。トランプ氏の登場は、むしろその環境をつくったと言えるかもしれない。

〈瑞穂《みずほ》の国には瑞穂の国にふさわしい資本主義があるのだろうと思っています。自由な競争と開かれた経済を重視しつつ、ウォール街から世界を席巻《せっけん》した、強欲を原動力とするような資本主義ではなく、道義を重んじ、真の豊かさを知る、瑞穂の国には瑞穂の国にふさわしい市場主義のかたちがあります。

安倍家のルーツは長門《ながと》市、かつての油谷町《ゆやちょう》です。そこには、棚田《たなだ》があります。日本海に面していて、水を張っているときは、ひとつひとつの棚田に月が映り、遠くの漁火《いさりび》が映り、それは息をのむほど美しい。

安倍晋三著『新しい国へ』

棚田は労働生産性も低く、経済合理性からすればナンセンスかもしれません。しかしこの美しい棚田があってこそ、私の故郷なのです。そして、この田園風景があってこそ、麗《うるわ》しい日本ではないかと思います。市場主義の中で、伝統、文化、地域が重んじられる、瑞穂の国にふさわしい経済のあり方を考えていきたいと思います〉（安

倍晋三『新しい国へ』文春新書）

安倍家の、そして日本の、ストーリーがここにある。

私たちは、歴史の解釈権であれ、経済の自立であれ、また国防の強化であれ、「日本を、取り戻す。」政策の推進を安倍首相に託した。それがかなうかどうかは、まずもって国益と名誉を守ろうという日本国民の意志の持続にかかっている。そして、戦略的思考とは誰に寄り添うかではなく、自らの望むところに相手を誘導する主体的な意志を持ち、発揮することである。

ＴＰＰに限らない。国の歩みは一幕芝居ではない。第二幕、第三幕があるとわきまえ、私たちが自らその筋立てを主導する気概を持って備えることである。対外金融資産は九百兆円以上もある。安倍氏が間違えれば、国民が取り返せばよい。

「暗黙知」と「優位戦思考」を兼ね備えた「新しい日本人」には、その力がある。そしてその力を発動させるカギは、長い歴史の中で日本人が培った「情緒」である。

＊

最後に、岡潔《おかきよし》の言葉を読者とともに噛み締めたい。岡潔は日本が生んだ数学の巨人である。「多変数複素関数論」分野における三大問題に独力で解決を与え、その業績は数学界に比類《ひるい》がないといわれる。「数学とは情緒の表現である」と語った岡は晩年、たしかに日本人にとっての「情緒」の大切さを説きつづけた。その真意はどこにあったのか。

昭和三十八年（一九六三年）の随筆集『春宵十話』の「一番心配なこと」には、こう綴られている。

〈いまの教育制度は進駐軍が師範学校を二段とびに大学にするなど、だいぶん無理をして作ったもので、よくない種子をまいたのは進駐軍だが、しかしそれをはぐくみ育てたのは日本人である。それでも原則から悪くしたのに害がこの程度ですんでいるのは、日本人が情操中心でこれまでやって来た民族だからで、欧米のように意志中心の国なら、すみずみまで原則に支配されるからもっとひどいことになっていたに違いない〉

さらに昭和三十九年（一九六四年）の随筆集『風蘭』では、こう綴っている。

〈たとえば、すみれの花を見るとき、あれはすみれの花だと見るのは理性的、知的な見方です。むらさき色だと見るのは、理性の世界での感覚的な見方です。そして、それはじっさいにあると見るのは実在感として見る見方です。これらに対して、すみれの花はいいなあと見るのが情緒です。これが情緒と見る見方です。情緒と見たばあいすみれの花はいいなあと思います。芭蕉《ばしょう》もほめています。漱石《そうせき》もほめています〉

岡潔は何を訴えたかったのか。私は、岡が数学研究の道筋でどのように「情緒」を発見したのかは知らない。

だが、日本人が大切にしてきたのは古来より「情緒」で、それこそが人間の土台であり、理性や知性はその土台の上に立つものだと彼は覚《さと》ったのだと思う。「すみれの花はいいなあ」と見る情緒こそが大切で、それがあれば、お互いに「理解する」というよりも、「感じ合い」相争うことなく過ごしていける。

『春宵十話』の「自然に従う」の一節である。

〈情緒の中心の調和がそこなわれると人の心は腐敗する。社会も文化もあっという間にとめどもなく悪くなってしまう〉

これが日本人の心のあり方の根本ではないか。

〈著者略歴〉

日下公人（くさか　きみんど）

評論家。日本財団特別顧問。三谷産業株式会社監査役。日本ラッド株式会社監査役。多摩大学名誉教授。1930年、兵庫県生まれ。東京大学経済学部卒業。日本長期信用銀行取締役、ソフト化経済センター理事長、東京財団会長などを歴任。ソフト化・サービス化の時代をいち早く予見し、日本経済の名ナビゲーターとして活躍する。著書に、『日下公人の「日本大出動」トランプなんか怖くない』（悟空出版）、共著に、『ようやく「日本の世紀」がやってきた』（ワック）、『日本人への遺言』（李白社）、『優位戦思考に学ぶ　大東亜戦争「失敗の本質」』（ＰＨＰ研究所）など。

新しい日本人が日本と世界を変える

2017年１月12日　第１版第１刷発行

著　者　日　下　公　人
発行者　岡　修　平
発行所　株式会社ＰＨＰ研究所
東京本部　〒135-8137　江東区豊洲５-６-52
学芸出版部　☎03-3520-9618（編集）
普及一部　☎03-3520-9630（販売）
京都本部　〒601-8411　京都市南区西九条北ノ内町11
PHP INTERFACE　http://www.php.co.jp/

組　版　有限会社エヴリ・シンク
印刷所　大日本印刷株式会社
製本所　東京美術紙工協業組合

ISBN978-4-569-83235-7

PHPの本

優位戦思考に学ぶ

大東亜戦争「失敗の本質」

日下公人／上島嘉郎 著

大東亜戦争は本当に「無謀な戦争」だったのか？　節目となった海戦と陸戦での現実の失敗を論じ、それぞれの「勝機」と「教訓」を示す。

定価 本体一、五〇〇円（税別）

「歴史戦」はオンナの闘い

河添恵子／杉田水脈 著

保守の女性論客二人が、世界での見聞・体験をまじえながら、日本が歴史戦にいかに臨むべきかを徹底討論する。

定価 本体一、六〇〇円（税別）

PHPの本

ディスコの力

DJ OSSHY 著

今なぜディスコが人々を魅了するのか? 八〇年代前半から現在の第三次ディスコ・ブームまで、最前線で身体を張るDJによる初の著書。

定価 本体一、四〇〇円(税別)